EL GRAN RETO DE SÚPER GEOGRAFÍA

¿CUÁNTO SABES DE CULTURA GENERAL? PREGUNTAS Y DESAFÍOS PARA DESCUBRIRLO.

Penguin
Random House
Grupo Editorial

Primera edición: mayo de 2022
Tercera reimpresión: diciembre de 2022

Diseño de cubierta: Penguin Random House Grupo Editorial / Manuel Esclapez

Printed in Spain – Impreso en España

ISBN: 978-84-18915-53-6
Depósito legal: B-5.309-2022

Impreso en Gráficas 94, S.L.
Sant Quirze del Vallès (Barcelona)

AL 1 5 5 3 B

Charlyokei

EL GRAN RETO DE SÚPER GEOGRAFÍA

¿CUÁNTO SABES DE CULTURA GENERAL? PREGUNTAS Y DESAFÍOS PARA DESCUBRIRLO.

GEOGRAFÍA

HISTORIA

ENTRETENIMIENTO

MATEMÁTICAS

CIENCIA

ALFAGUARA

Índice

Me presento, soy SÚPER-GEOGRAFÍA 9

Geografía 15

Entretenimiento 41

Historia 67

Ciencia 93

Matemáticas 119

Soluciones 145

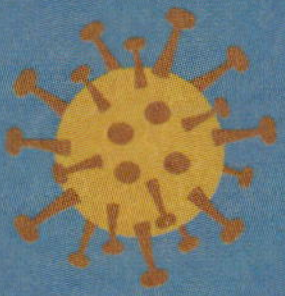

Me presento, soy SÚPER-GEOGRAFÍA

Y este es mi GRAN RETO para convertirte en un crack en cultura general.

Me gusta imaginar la infinidad de maneras por las cuales este libro ha podido acabar en tus manos. Cómo y por qué tú y yo nos encontramos aquí y ahora. Puede que seas una persona valiente que ha decidido **aceptar el gran DESAFÍO**. O puede que te hayas visto envuelto en este reto sin comerlo ni beberlo. Hay tantas posibilidades... Pero, aunque yo no pueda conocerte, tú sí puedes conocerme a mí. De hecho, creo que, si te voy a poner a prueba, es lo justo.

Todo comenzó en el año 2020, cuando en la famosa cuarentena decidí entrar a la aplicación del momento: **TikTok**. No te voy a mentir; hasta entonces yo era de los que criticaba la aplicación, pues me parecía que no iba mucho conmigo por lo que veía en otras redes sociales sobre ella. Pero todos sabemos que prejuzgar algo sin conocerlo bien puede hacer que nos traguemos nuestras propias palabras, y esta vez... no iba a ser menos. Descubrí que allí había **contenido de todo tipo** y que el porcentaje de las cosas que no me gustaban era muy pequeño. Al principio comencé a subir vídeos que se me ocurrían sin temática ninguna, pero que a mí me parecían graciosos o que me apetecía hacer, o para empezar a probarla.

Rápidamente me di cuenta de que **era el futuro**. Supe que, si quería ser creador de contenido, algo con lo que siempre he soñado desde pequeño, ese era el tren que tenía que coger. Después de meses probando la aplicación, en noviembre de 2020 nació lo que hoy todo el mundo conoce como **SÚPER-GEOGRAFÍA**: un personaje que se dedica a hacer preguntas de cultura general en internet.

La verdad es que en ningún momento pasó por mi cabeza que ese nombre iba a adueñarse de mi vida. La verdad es que los primeros vídeos que subí haciendo preguntas de Geografía a la gente no fueron una explosión de visitas y likes. Fue algo normal. Tuve que esperar hasta el cuarto episodio para que los vídeos empezaran a **viralizarse** y, en ese momento, la gente comenzó a pedirme más y más. La bola se hizo tan grande y al público le gustaba tanto el personaje que oficialmente me convertí en él. Por una parte lo entiendo porque también supone un **reto** como espectador y, además, los vídeos de gente fallando preguntas han sido siempre **divertidos**.

Con el paso de los meses, los vídeos que subía recibían **millones y millones de visitas**, y el número de seguidores no paraba de aumentar en todas mis redes sociales. Recuerdo que en febrero, es decir, tres meses después de que todo comenzara, me llamaron para **programas de radio y televisión**. ¡Una pasada!

A día de hoy, no solo hago preguntas de Geografía. El personaje ha ido **evolucionando** y dando saltos de **calidad** en cuanto al contenido. Primero implementé preguntas de cultura general, luego incluí banderas y preguntas a mis amigos en la vida real con diferentes retos por si fallaban y también salí a la calle a hacer preguntas a la gente.

Y tú te preguntarás: ¿de dónde viene ese interés por la **cultura general**? Y la verdad es que no es nada del otro mundo; todo se basa en la simple **curiosidad**. La curiosidad que puede tener cualquier persona por conocer datos interesantes sobre el mundo que nos rodea. Y con este libro lo que espero es eso, que descubras datos que desconocías, que aprendas cosas nuevas poniéndote a prueba a ti mismo y, sobre todo, que te **diviertas**. Pero dejémonos ya de presentaciones y vayamos a lo realmente importante...

¡Que comience EL DESAFÍO!

¡Te doy la bienvenida al mayor de los desafíos!

¿Eres un as de la **cultura general**? ¿Crees que tienes lo que hay que tener para responder a un montón de preguntas sobre los temas más variados? Sí, seguro que hay mucho que sabes... y muchísimo más que desconoces.

¿CUÁL ES EL VOLCÁN MÁS ALTO DEL MUNDO?

¿CÓMO SE MIDE LO TERRORÍFICA QUE ES UNA PELÍCULA?

¿QUÉ ES, EXACTAMENTE, EL ADN?

Con este libro, vas a poder poner a prueba tus conocimientos sobre **Ciencia**, **Historia**, **Matemáticas**, **Entretenimiento** y, por supuesto, **¡Geografía!** Prepárate para completar estas cinco temáticas, donde tendrás que enfrentarte a preguntas y juegos que se irán **complicando** a medida que vayas avanzando. Solo los más expertos en la materia podrán superar los tres niveles y llegar al reto final, donde se encuentra... **¡el mayor desafío de todos!**

Pero… ¡espera! Antes de nada, debes saber que hay una serie de NORMAS INQUEBRANTABLES.

NORMAS INQUEBRANTABLES

1. No se puede buscar en internet.
2. Solo se puede pedir ayuda a un amigo o familiar en casos extremos.
3. No se puede mirar el solucionario hasta haber completado la temática.

Ahora sí.

¿Estás *READY*?

GEOGRAFÍA

GEOGRAFÍA

La asignatura pendiente

La Geografía... Jamás pensé que algo como la Geografía se integraría tanto en mi vida, hasta el punto de llegar a ser parte de mi nombre de **superhéroe**. Cuando me preguntan por ella, suelo responder lo mismo:

> PARA MÍ, LA GEOGRAFÍA ES COMO LA ASIGNATURA PENDIENTE DE TODAS LAS PERSONAS.

Y esto es algo que, con el paso del tiempo, he podido comprobar. Absolutamente todas las personas tenemos alguna pregunta geográfica letal, de esas que siempre SIEMPRE **fallamos**.

También me he dado cuenta de que, cuanto más fácil es una pregunta (es decir, cuanto más se supone que la tienes que saber sí o sí), más complicada se vuelve, porque, claro, no pasa nada por fallar una pregunta dificilísima..., pero ¡ja! Cuando alguien falla una pregunta que todos los demás saben, **nos partimos de risa**.

Siendo sincero, creo que, cuando se trata de Geografía, cualquier persona puede fallar la pregunta más simple del mundo, sin importar la edad que tenga o la educación que haya recibido. Esa es la **magia** de la Geografía.

Otra de las reacciones más comunes cuando me ven por la calle es que me paren con el móvil en la mano, con la Wikipedia abierta, y me suelten:

¿DE DÓNDE ES ESTA BANDERA?

¿CUÁL ES LA CAPITAL DE INDONESIA?

¿EN QUÉ PAÍS ESTÁ ESTE MONUMENTO?

Y así una pregunta tras otra, sin ni siquiera decirme: «Hola». La verdad es que no me molesta en absoluto, pero es gracioso ver cómo mi vida se ha convertido en un **examen constante** desde que soy SÚPER-GEOGRAFÍA..., aunque, pensándolo bien, puede que me lo haya buscado yo solito.

Luego llega la misma pregunta de siempre: «¿Conoces todas las capitales?». Y mi respuesta también es la misma de siempre: «¡Pues espero que no!». Con lo que me gusta a mí aprender cosas nuevas... Además, vamos a ser justos: esto no es como montar en bici. Las capitales sí que se olvidan y, con el paso del tiempo, se mezclan unas con otras... Pero, si lo piensas, de ahí salen verdaderas **idas de olla**. ¡Por eso es tan divertido!

Aunque, si insistes... Vaaale, tú ganas. Abre bien los ojos porque, por primera vez en la historia, SÚPER-GEOGRAFÍA te va a dar **un truco para aprenderte las capitales**. ¡Ahí va!

Cuando era pequeño, mi padre y yo teníamos un juego para pasar el rato: él me preguntaba un país y yo le decía la capital; luego preguntaba yo, y así sucesivamente hasta que uno de los dos fallaba y, por tanto, perdía. De esta manera fue como me aprendí todas las capitales de Europa. Sencillo, ¿eh? Pero, cuando me hice mayor, quise saberme las capitales de todos los continentes, y aquí fue donde mi minitruco me vino de perlas: aprenderme el país y la capital como si fueran el nombre y el apellido de una persona. Pruébalo, ¡funciona de verdad!

Gracias a este truco, cada vez que escuches el país, automáticamente lo relacionarás con su apellido, que, en este caso, es su capital. Además, esto sirve para ser rápido a la hora de contestar (cosa que, cuando estás compitiendo, no viene nada mal). Si te he ayudado…, ¡dímelo por un mensaje directo de Instagram!

Pero volvamos a lo que nos ocupa: la Geografía. La verdad es que no suele ser la **asignatura favorita** de nadie, ni tampoco la más odiada... Es una materia más que está ahí, y ni la odias ni la amas, ¿no? Pues a mí me pasaba lo mismo.

La Geografía me parecía una asignatura más. Sí que podía estar en el **top 3** de las que más me gustaban, pero no era mi favorita ni de lejos. (Mi favorita la desvelaré más adelante, cuando llegue el momento. Mientras tanto... mantengamos el misterio).

Pero lo cierto es que la Geografía tiene algo especial, algo que, en mi opinión, la hace maravillosa: que está hecha para la gente **curiosa**. Entretiene e incluso engancha si te gusta saber cosas nuevas. ¿O es que nunca te has preguntado qué hora es ahora mismo en Colombia? ¿O cuánta distancia hay entre Estados Unidos y Rusia? Ninguna de estas respuestas es necesaria para seguir con tu vida, pero hay un montón de datos interesantes que tienen mucha miga. Como, por ejemplo, el tema de las estaciones y los hemisferios. Cuando de pequeño me enteré de que en Argentina pasan las **navidades en verano**..., ¡os lo podéis imaginar!

Y es que esto es lo mejor de la Geografía: que te pone el mundo **patas arriba**. Tú puedes tener perfectamente claro que las navidades y el invierno van siempre de la mano, pero entonces te das cuenta de que hay gente al otro lado del mundo que, debido a su posición geográfica, vive una realidad completamente distinta... Y te estalla la cabeza. Por eso la Geografía me parece tan atractiva: porque hay **miles de cosas por descubrir**.

Superdatos para gente curiosa

El lugar más inaccesible de la Tierra

Sí, aunque parezca mentira, este sitio tiene nombre: se llama el **Punto Nemo**, en honor al capitán Nemo de Julio Verne, y marca el lugar más remoto del planeta. Se encuentra en el Pacífico Sur y está lejísimos de toda tierra firme. No es broma. Esta lejanía es tal que muchas veces los humanos más cercanos a este punto son los **astronautas** que merodean por la Estación Espacial Internacional. O sea, la gente que está... ¡en el espacio! Esta particularidad hace que el Punto Nemo haya sido elegido como el lugar perfecto para tirar la chatarra espacial.

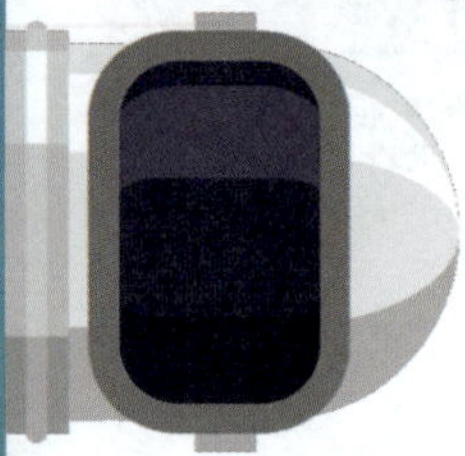

El Salto del Ángel

¿A qué estará asociado este nombre? ¿A una prueba olímpica? ERROR. El Salto del Ángel es la catarata **más alta** del mundo. Situada en Venezuela, cuenta con más de 800 metros de caída. Una pasada. Por suerte, este espacio natural está protegido y declarado **patrimonio de la humanidad** por la Unesco.

La ciudad de los muertos

Colma es una ciudad situada al oeste de California (Estados Unidos). Tiene unos 1.500 habitantes vivos... y más de un millón y medio bajo tierra. Para poder albergar a tal cantidad de fallecidos, cuenta con **17 cementerios** (16 para personas y 1 para animales). Y ahora te preguntarás: ¿cómo es posible que haya tantísimos muertos en una ciudad tan pequeña? La respuesta está en la **fiebre del oro**. A mediados del siglo XIX, miles de personas fueron a buscar minas a San Francisco. Pero, claro, se juntó tanta gente que las enfermedades empezaron a campar a sus anchas, y esto provocó un aumento de la **mortalidad**. Obligados a buscar un nuevo lugar para enterrar a sus muertos, pensaron en la ciudad de Colma, ya que estaba cerca de San Francisco y tenía mucha tierra disponible. Y así, sin más, ¡la convirtieron en su cementerio particular!

La costa infinita

Si hablamos de países con costa, tenemos que mencionar obligatoriamente a Canadá. Este país, Canadá, cuenta con unos **265.523 kilómetros** de costa, lo que hace que sea el país con más kilómetros de costa del mundo. Es más, Canadá posee más kilómetros de costa que todos los países europeos **¡juntos!** De hecho, exceptuando a Asia, Canadá posee más kilómetros de costa que cualquier **continente** completo. ¡Casi nada!

El país sin mosquitos

Lo prometo, no es un mito. Aunque resulte increíble, existe un país en el planeta Tierra en el que no hay mosquitos. Y ese país se llama Islandia. La **estación invernal** en Islandia es única. Allí, en invierno, los días muy fríos se combinan con ciclos cortos de calor. Esto significa que los lagos y el agua se congelan, se derriten y vuelven a congelarse en muy poco tiempo. Y el **ciclo vital** de los mosquitos, simplemente, no puede mantener ese ritmo. Al notar el calor, los mosquitos nacen de los huevos, pero enseguida llegan los días muy fríos que matan a los mosquitos antes de que puedan poner huevos, y esto impide que **se reproduzcan**.

La isla de las cobras

Considerado por algunos como el lugar **más peligroso** del mundo, la isla de la Quemada Grande pertenece a Brasil y está situada en el océano Atlántico. Cuenta con una extensión de 43 hectáreas en la que viven, atento, ¡más de **2.000 víboras**! Lógicamente, nadie más habita esta isla y su visita está totalmente prohibida. Se piensa que, hace unos 11.000 años, el nivel del mar subió, cortando cualquier contacto entre la isla y el continente. Esto permitió que las serpientes locales se desarrollaran a sus anchas... y al parecer optaron por convertirse en víboras **5 veces más venenosas** que las de «tierra firme».

El árbol más alto del mundo

El árbol más grande del planeta es una **secuoya**, una de las especies más altas y longevas del mundo natural. Se llama Hyperion y tiene unos 600 años. ¿Que cuánto mide? Pues **115,85 metros**, decorados con más de 2 millones de hojas. Pero ahora viene lo mejor: aunque sabemos que se encuentra en el Parque Nacional Redwood, al norte de California (EE. UU.), su ubicación exacta es un **secreto** solo al alcance de unos cuantos biólogos y guardabosques. Este secretismo tiene el objetivo de protegerlo.

El continente sumergido

¿Creías que todo lo interesante estaba por encima del nivel del mar? ¡Pues no! **Zelandia** es un continente que se encuentra sumergido bajo el océano Pacífico; lo único que sobresale del agua son sus montañas más altas, que son las islas de Nueva Zelanda y Nueva Caledonia. También conocido como Tasmantis, mide casi **5 millones de kilómetros cuadrados** y se sumergió después de separarse de Asia, hace unos 60-85 millones de años. Lo conocemos desde hace mucho, pero no fue hasta 2017 cuando un equipo de 32 científicos concluyó que Zelandia cumple los requisitos para ser considerado continente.

¿Sabes tanto como crees?

Empezamos...

1. ¿En qué país se encuentra el Coliseo de Roma?

2. ¿Cuál es el país más grande del continente americano?

3. ¿Cuál es la capital de Argentina?

4. ¿Cuál es la montaña más alta de España?

5. ¿Cómo se llama el río que atraviesa París?

6. ¿Cuáles son los dos ríos más largos del mundo?

7. ¿En qué océano está el Triángulo de las Bermudas?

8. ¿Cuál es la capital de Rusia?

9. ¿Cuál es el gentilicio de Austria?

10. ¿Cuál es el idioma oficial de Tailandia?

¿Sabes tanto como crees?

¿Sigues ahí?

1. ¿Cuál es la montaña más alta de la península ibérica?
   - ☐ El Veleta.
   - ☐ El Aneto.
   - ☐ El Mulhacén.
   - ☐ El Taillón.

2. ¿En qué país está la ciudad de Chernóbil?
   - ☐ En Rumanía.
   - ☐ En Moldavia.
   - ☐ En Eslovaquia.
   - ☐ En Ucrania.

3. ¿En qué país se encuentran las ruinas de la ciudad de Petra?

- ☐ En Irak.
- ☐ En Jordania.
- ☐ En Omán.
- ☐ En Yemen.

4. ¿Qué país comparte frontera con Haití?

- ☐ El Salvador.
- ☐ República Dominicana.
- ☐ Puerto Rico.
- ☐ Panamá.

5. ¿Cuál es el país más grande de África?

- ☐ Argelia.
- ☐ Sudán.
- ☐ Libia.
- ☐ Egipto.

6. ¿Cuál es la moneda oficial de Egipto?
- ☐ El dinar egipcio.
- ☐ El dram.
- ☐ El dírham.
- ☐ La libra egipcia.

7. ¿Dónde está el monumento a la Mitad del Mundo?
- ☐ En Bogotá.
- ☐ En Lima.
- ☐ En Manaos.
- ☐ En Quito.

8. ¿Cuál de estos nombres es el de un famoso canal?

- ☐ Canal de Róterdam.
- ☐ Canal de Filip.
- ☐ Canal de Suez.
- ☐ Canal de Brooklyn.

9. ¿Cuál de los siguientes no es un estado de EE. UU.?

- ☐ Luisiana.
- ☐ Alaska.
- ☐ Transilvania.
- ☐ Pensilvania.

10. ¿Cuál de los siguientes nombres pertenece a un país?

- ☐ Togo.
- ☐ Cítara.
- ☐ Zodiaco.
- ☐ Tenue.

¿Sabes tanto como crees?

¡Me estás dejando flipado!

1. ¿Cuál es la capital del estado de Nueva Jersey?
   - ☐ Ohio.
   - ☐ Sacramento.
   - ☐ Trenton.
   - ☐ Albany.

2. ¿En qué país se encuentra la localidad de Halstatt?
   - ☐ En Austria.
   - ☐ En Estados Unidos.
   - ☐ En la República Checa.
   - ☐ En Alemania.

3. ¿Cuál es la capital de Costa de Marfil?

- ☐ Dodoma.
- ☐ Dakar.
- ☐ Abuya.
- ☐ Yamusukro.

4. ¿En qué país se encuentra el lago Natrón?

- ☐ En Laos
- ☐ En Tanzania.
- ☐ En Dinamarca.
- ☐ En Israel.

5. ¿Cuál es el volcán más alto del mundo?

- ☐ El volcán Nevado Ojos del Salado.
- ☐ El volcán Cotopaxi.
- ☐ El volcán Chimborazo.
- ☐ El volcán Krakatoa.

6. ¿Cuál es la capital de Mongolia?
- □ Yakarta.
- □ Ulán Bator.
- □ Hanói.
- □ Saná.

7. ¿En qué estado de EE. UU. se encuentra el Monte Rushmore?
- □ En Kentucky.
- □ En Virginia.
- □ En Dakota del Sur.
- □ En Delaware.

8. ¿En qué país se encuentra la antigua ciudad de Babilonia?
- □ En Irán.
- □ En Irak.
- □ En Turquía.
- □ En Arabia Saudita.

9. ¿Cuál es el segundo pico más alto de los Alpes?

- □ El Mont Blanc de Courmayeur.
- □ El macizo del Monte Rosa.
- □ El Cervino.
- □ El Liskamm.

10. ¿Qué país tuvo una vez el nombre de Rodesia?

- □ Zambia.
- □ Namibia.
- □ Sudán.
- □ Zimbabue.

¿Jugamos?

Si hay algo que caracteriza mis vídeos, eso son las **banderas**. Seguro que, de tanto verlas, ya te has aprendido más de una, ¿verdad? Pues es hora de hacer uso de esa memoria y recordar todas las veces que pregunté:

¿A qué país pertenece esta bandera?

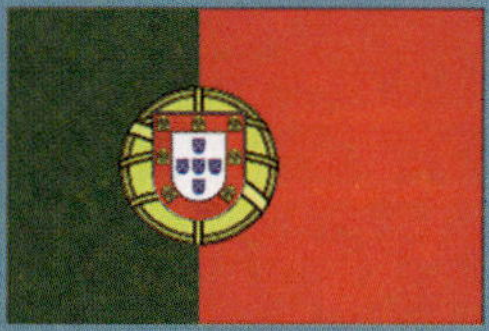

¡FINAL BOSS!

¡Enhorabuena, has llegado a la última fase! Pero, para completar con éxito la categoría de GEOGRAFÍA, aún te queda enfrentarte al final boss... Es decir, a mí. **¡¡¡MUAJAJAJAJAJAJA!!!**

Calma, que hay salida para todo. Si el camino hasta aquí se te ha hecho complicado, puede que este sea el mejor momento para retirarse..., ¡y puedes hacerlo! Pero entonces di **adiós a la victoria**. ¿La otra opción? Intentar enfrentarte a mí y saber qué es lo que sienten las personas que salen en mis vídeos al tenerme delante. ¿Te animas? Pues... **¡que empiece el reto!**

REGLAS

Tendrás que contestar a 3 preguntas realizadas por mí.

Las escribirás en los huecos habilitados para ello.

Tendrás 5 segundos para escribir cada respuesta (yo mismo cronometraré el tiempo).

¿Cómo lo haremos? A través de un **código QR** que podrás escanear con la cámara de tu teléfono móvil. Este te llevará al vídeo del reto, donde te estaré esperando, y, cuando des al *play*, comenzará el desafío final. ¡Buena suerte!

Pregunta número 1

Pregunta número 2

Pregunta número 3

ENTRETENIMIENTO

La magia del ENTRETENIMIENTO

El entretenimiento es una categoría que abarca **muchísimas cosas**: música, películas, libros, redes sociales, series, videojuegos... Y es que, en realidad, ¿hay algo que no pueda ir dentro de esta categoría? Por suerte, todos los días salen formas diferentes de entretenimiento, y esto se va incrementando con el paso del tiempo. Aunque hay un **elemento clave** que ha revolucionado por completo el entretenimiento en las últimas décadas.

¿SE TE OCURRE CUÁL ES?

EXACTO: ¡INTERNET!

La aparición de internet ha hecho que algunas personas dediquen literalmente toda su vida (o al menos una parte muy importante de ella) a cosas que hace 50 años, ¡sorpresa!, **ni siquiera existían**. Por ejemplo, ahí tienes las redes sociales: son una fuente infinita de entretenimiento, llenas de creadores y de consumidores de contenido online. Esto es una maravilla que incluso a día de hoy sigue creciendo..., y seguramente sea el medio por el que **me has conocido a mí**.

¿Qué puedo decirte? Yo soy una de esas personas a las que las redes sociales **han cambiado la vida**. Cada semana recibo mensajes de gente que me da las gracias por mis vídeos, diciéndome que disfrutan mucho con mi perfil de TikTok. Y, sinceramente, ¡esto es una pasada!

Por eso me gustaría **darte las gracias** a ti, a la persona que está leyendo esto. Por ver mis vídeos y por disfrutar de todo lo que hago en mis canales. Para mí, es muy valioso poder formar parte del entretenimiento de miles de personas, pero no te preocupes porque SÚPER-GEOGRAFÍA solo está calentando motores y **aún quedan muchísimas aventuras por vivir**… Como este libro, que espero que esté cumpliendo la función de esta categoría: ¡entretenerte!

Pero, como decía, hay muchas más formas de entretenimiento que las redes sociales. Por ejemplo, el **cine**. Esa es una de las preguntas que me gusta hacer en mi vida diaria, cuando conozco a alguien nuevo:

¿TÚ ERES MÁS DE SERIES
O DE PELÍCULAS?

El eterno debate. No sé tú, pero yo, dependiendo de la etapa de mi vida, me decanto por unas o por otras. Ahora mismo, por ejemplo, me gustan más las películas, pero, si me pongo a pensar, creo que lo que más he disfrutado en mi vida han sido las series. ¿Y tú? ¿Qué prefieres? También cabe la posibilidad que no te guste ninguna de las dos, lo que supondría que… ¡te acabas de ganar un **enemigo** de por vida! (¡Es broma!)

En lo que seguro que tú, yo y todo el mundo coincidimos es en escuchar **música**. Puede que te guste un género muy definido y no salgas de ahí, puede incluso que odies algunos géneros de música, pero seguro que hay uno para ti. O puede que seas como yo y tu lista de reproducción sea una auténtica **macedonia de géneros y artistas** musicales:

LA OREJA DE VAN GOGH
EMINEM
ESTOPA
BAD BUNNY
C. TANGANA
CANCIONES DISNEY
SHAKIRA
PIGNOISE
NATOS Y WAOR

La verdad hay tantos momentos en mi vida que a cada uno le asigno una banda sonora diferente.

Otro entretenimiento son los **videojuegos** o los **juegos de mesa**, que ahora que estamos en plena era digital nos olvidamos mucho de ellos y es algo de lo que personalmente soy fan. Me encantan los juegos de mesa y todo lo que ello engloba, como puede ser estar con amigos, quedar para jugar... Pero también es cierto que he crecido rodeado de videojuegos y viendo *gameplays* de Willyrex jugando al *Call of Duty*, así que también forman parte de mí. En este ámbito, me gusta preguntar: **«¿Con qué juego estás ahora?»**. Porque normalmente coincide con que a tu juego favorito llevas siglos sin

jugar y lo que me interesa es saber con qué juego estás en este momento para poder echar unas partidas. Yo, por ejemplo, ahora mismo solo juego al *Clash Royale* en el móvil. La verdad es que la vida de superhéroe **es muy intensa** y no me deja tiempo para casi nada.

Luego hay **hobbies** que exigen mucha disciplina; no sé a ti, pero a mí personalmente se me dan muy mal algunos, como, por ejemplo: el deporte, tocar un instrumento, bailar, cantar, dibujar o hacer bricolaje. En serio, si sabes hacer bien estas cosas, eres **la persona elegida de DIOS**. A mí siempre me han dicho que canto muy mal y hay una frase que me encanta decir en estas situaciones y que siempre repito:

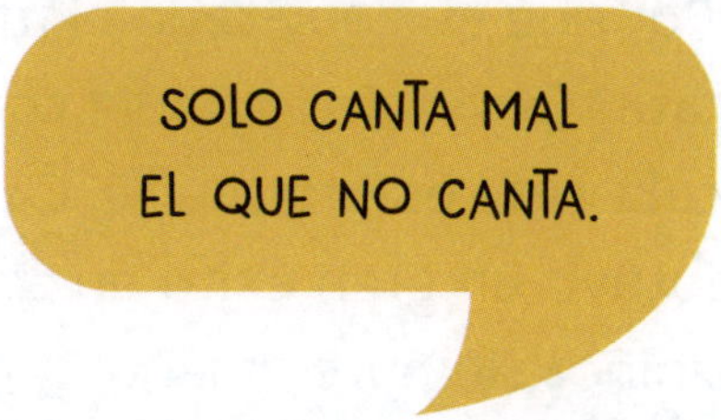

Y es ahí donde reside el entretenimiento, en **hacer lo que te gusta sin importar cómo lo hagas**. Aunque eso no significa que no nos podamos divertir un poco…, ¿verdad? Ha llegado la hora de poner en marcha ese cerebro y pasar a la nueva categoría… ¡Bienvenido al mundo del **entretenimiento**!

Superdatos para gente curiosa

El temazo rechazado

A veces en la vida rechazamos unas cosas y aceptamos otras, sin tener ni la más remota idea de cómo van a salir. Pues algo parecido le pasó a **Britney Spears**. Le ofrecieron quedarse con la canción *Umbrella*, tema que lanzó a la fama a Rihanna, pero su discográfica la rechazó. Cabe destacar que esta canción se encuentra en el listado de las **500 mejores canciones** de todos los tiempos y que recibió tres nominaciones a los Grammy, ganando uno de ellos.

La época dorada de las ratas

¿Por qué en 2007 todo el mundo quería una rata? Esto solo lo podía conseguir una película y esa es *Ratatouille*. Cuando se estrenó, obtuvo un gran éxito en taquilla... y, como todos sabemos, los niños siempre quieren **juguetes** relacionados con sus películas favoritas. ¿Consecuencia? Todos los niños querían una rata como mascota. Y así fue como las ventas de ratas en algunas tiendas de mascotas se llegaron a incrementar **en un 50 %**.

El deporte del espacio

Hay un deporte, solo uno, que ha sido practicado fuera del planeta Tierra. ¿Cuál dirías que es? ¿El fútbol? ¿El ajedrez? Pues no: la respuesta es el **golf**. En 1971, al astronauta estadounidense Alan Shepard no se le ocurrió otra cosa que echarse unos hoyos durante su **caminata lunar**. ¡Como si estar en la Luna no fuera suficiente entretenimiento!

Toy Story 2 *estuvo a punto de desaparecer*

Sí, como lo estás leyendo. Resulta que casi eliminaron por completo esta famosa película de animación porque la máquina maestra que almacenaba la película sufrió un fallo y... llegó la catástrofe. **Se borró el 90 %** del trabajo realizado por el equipo de Pixar. Y tampoco se pudieron restaurar los datos, ya que también falló el sistema de la copia de seguridad. Afortunadamente, la directora técnica tenía una copia en la que había estado trabajando desde su casa, por lo que **gran parte del trabajo** se pudo recuperar. ¡Menos mal!

Cómo escuchar bajo el agua

¿Alguna vez te has preguntado cómo hacen los nadadores de sincronizada para escuchar la música mientras están debajo del agua? Pues la respuesta es más sencilla de lo que parece... ¡Instalando **altavoces subacuáticos**! Cuando los nadadores están debajo del agua, el ruido externo se elimina, con lo que la potencia de un altavoz subacuático, junto con las propiedades de propagación del agua, hace que puedan escuchar la música a la perfección.

El secreto capilar de Marge Simpson

Todo el mundo conoce a la familia Simpson y, si mencionamos a Marge, rápidamente nos viene a la cabeza su **larga melena azul**. Pero lo que poca gente conoce es que, en un primer momento, en la cabeza iba a tener... dos orejas de conejo. Su creador, Matt Groening, explicó que, en origen, Marge iba a ser **secretamente** un personaje de uno de sus anteriores cómics, *Life in Hell*, y que por eso tendría orejas de conejo. ¿Te imaginas? Pues, bueno, cuando decidió comentárselo a los guionistas, desecharon la idea.

Pokémon GO *nació como una inocentada*

¡Así es! El juego que revolucionó el año 2016 nació de una pequeña **broma**. ¡Ni siquiera era un juego real! Todos los años, los empleados del gigante tecnológico Google desarrollan «demos» y vídeos de lanzamientos de productos inventados para el **April Fool's Day**, el Día de los Inocentes estadounidense. En el 2014, los trabajadores de Google Maps idearon *Pokémon GO* como broma. Pero la idea gustó tanto que se convirtió en una realidad, desatando una auténtica **fiebre** en todo el mundo.

La ciencia del susto

Supongo que esto es algo muy subjetivo y que a cada persona le da miedo algo diferente, pero... ¿cómo se puede medir lo **terrorífica** que es una película? Aquí es donde aparece «la ciencia del susto», que consiste en medir el efecto de las películas de terror a partir del **ritmo cardiaco** del espectador. Muchas son las películas que sobrepasan este límite del terror, pero hay dos de ellas que son clásicos modernos: *Expediente Warren* y *Un lugar tranquilo 2*. ¡Espero que las disfrutes! Si a pasar miedo se le puede llamar disfrutar, claro.

¿Sabes tanto como crees?

Empezamos...

1. ¿Cómo se llama el mejor amigo de Harry Potter?

2. ¿Quién es el artista conocido como «el rey del pop»?

3. ¿Cómo se llama el villano de la película *Aladdín*?

4. ¿Quiénes dejaron migas en el camino para que las encontraran sus padres?

5. ¿Por qué película ganó Leonardo DiCaprio su primer Óscar?

6. ¿Cuál es el nombre del personaje que conduce el autobús escolar en *Los Simpson*?

7. ¿Qué popular artista canta la canción llamada *Baby*?

8. ¿Cómo se llama la popular saga que trata sobre amor, vampiros y hombres lobo?

9. ¿Qué red social tiene un pájaro azul como logotipo?

10. ¿Cuál es el nombre del entrenador argentino conocido como «el Cholo»?

¿Sabes tanto como crees?

¿Sigues ahí?

1. ¿En qué año fue el lanzamiento oficial del videojuego *Pokémon GO*?
   - □ En 2014.
   - □ En 2015.
   - □ En 2016.
   - □ En 2017.

2. ¿Qué famoso actor dio voz al personaje de Maui en la versión original de la película de Disney *Vaiana*?
   - □ Tom Hanks.
   - □ Dwayne Johnson.
   - □ Zac Efron.
   - □ Denzel Washington.

3. ¿Cómo se llama el famoso DJ conocido por llevar una máscara blanca que oculta toda su cabeza?

- ☐ Skrillex.
- ☐ Martin Garrix.
- ☐ David Guetta.
- ☐ Marshmello.

4. ¿Quién dirigió el superéxito cinematográfico *Avatar* en 2009?

- ☐ James Cameron.
- ☐ Christopher Nolan.
- ☐ Woody Allen.
- ☐ Quentin Tarantino.

5. ¿Cuál es el nombre del actor protagonista de la película *El corredor del laberinto*?

- ☐ Thomas Brodie-Sangster.
- ☐ Dylan O'Brien.
- ☐ Will Poulter.
- ☐ Ki Hong Lee.

6. ¿Cómo se llamaba la serie de animación basada en la lucha de unos adolescentes dentro de un mundo virtual?
- ☐ *El asombroso mundo de Gumball.*
- ☐ *Código Lyoko.*
- ☐ *Ben 10.*
- ☐ *Hora de aventuras.*

7. Si juegas en la NFL, ¿qué deporte practicas?
- ☐ Críquet.
- ☐ Hockey sobre hielo.
- ☐ Béisbol.
- ☐ Fútbol americano.

8. ¿Quién fue el / la artista con más reproducciones en Spotify en 2021?
- ☐ Billie Eilish.
- ☐ Bad Bunny.
- ☐ Post Malone.
- ☐ Lady Gaga.

9. ¿Cuánto dura un partido de balonmano?
- ☐ 60 minutos.
- ☐ 65 minutos.
- ☐ 70 minutos.
- ☐ 80 minutos.

10. ¿Dónde vive Mario Bros?
- ☐ En el Reino Arcoíris.
- ☐ En el Reino Batata.
- ☐ En el Reino Champiñón.
- ☐ En el Reino Tortuga.

¿Sabes tanto como crees?

¡Me estás dejando flipado!

1. ¿Qué nivel de elixir cuesta la carta del sabueso de lava en el videojuego *Clash Royale*?
   - ☐ 6.
   - ☐ 7.
   - ☐ 8.
   - ☐ 9.

2. ¿Cómo se llama el villano principal de la película de Disney *Mulan*?
   - ☐ Shan Yu.
   - ☐ Li Shang.
   - ☐ Mushu.
   - ☐ Chi-Fu.

3. ¿Qué superpoder tiene David Rice en la famosa película *Jumper*?

- ☐ Parar el tiempo.
- ☐ Mover objetos.
- ☐ Teletransportarse.
- ☐ Leer la mente.

4. ¿Cuántos anillos de la NBA ha conseguido Shaquille O'Neal?

- ☐ Seis.
- ☐ Cuatro.
- ☐ Cinco.
- ☐ Tres.

5. ¿Qué banda británica publicó un disco y organizó una gira llamada Wonderland Live en 2017?

- ☐ Arctic Monkeys.
- ☐ Pink Floyd.
- ☐ The Beatles.
- ☐ Take That.

6. El personaje de *Juego de tronos* Jon Snow tiene un lobo. ¿Cómo se llama?

- □ Viento Gris.
- □ Fantasma.
- □ Nymeria.
- □ Verano.

7. ¿Qué edad tenía Britney Spears cuando lanzó su éxito *Baby One More Time* en 1998?

- □ 17.
- □ 18.
- □ 19.
- □ 20.

8. ¿Cuál es el nombre del profesor al que acude Ash Ketchum para que le entregue su primer Pokémon?

- ☐ El profesor Abedul.
- ☐ El profesor Elm.
- ☐ El profesor Samuel Oak.
- ☐ El profesor Serbal.

9. ¿En qué película Will Smith es un superhéroe que tiene problemas con la justicia?

- ☐ En *Men in Black*.
- ☐ En *Soy leyenda*.
- ☐ En *Siete almas*.
- ☐ En *Hancock*.

10. ¿Qué personaje del videojuego *Mortal Kombat* tiene poderes de hielo?

- ☐ Sub-Zero.
- ☐ Noob Saibot.
- ☐ Raiden.
- ☐ Kitana.

¿Jugamos?

El siguiente juego es muy sencillo, pero, si ves que te atascas, siempre puedes pedir ayuda a alguien. El juego consiste en que yo te voy a dar un **breve resumen** de una serie o película y tú tendrás que decirme de cuál se trata. ¡Allá vamos!

¡Adivina la serie/peli!

1. Serie

Un grupo de niños investigan la desaparición repentina de uno de ellos. Durante la investigación, se hacen amigos de una niña con misteriosos poderes. Todo sucede en un pueblo pequeño durante los años ochenta.

2. Película

Un adolescente se queda atrapado en una guerra entre dos facciones de robots extraterrestres que pueden ocultarse transformándose en maquinaria cotidiana, sobre todo en vehículos.

3. Serie

Ambientada en el siglo IX, cuenta las aventuras de un héroe nórdico que se embarca junto con sus hombres hacia Inglaterra y Francia con el fin de saquearlas.

4. Película

Leonardo DiCaprio es un ladrón especializado en el robo de secretos valiosos desde las profundidades del subconsciente durante el estado de sueño, cuando la mente está más vulnerable.

5. Serie

Un veinteañero obsesivo pero brillante usa la hiperconectividad que ofrece la tecnología moderna para hacer que la mujer de sus sueños se enamore de él.

6. Película

Cuando empiezan a desaparecer niños, un grupo de amigos tiene que enfrentarse a un malvado payaso al que acompaña una amplia historia de asesinatos y violencia.

¡FINAL BOSS!

¡Enhorabuena, has llegado a la última fase! Pero, para completar con éxito la categoría de ENTRETENIMIENTO, aún te queda enfrentarte al final boss… Es decir, a mí. **¡¡¡MUAJAJAJAJAJA!!!**

Calma, que hay salida para todo. Si el camino hasta aquí se te ha hecho complicado, puede que este sea el mejor momento para retirarse…, ¡y puedes hacerlo! Pero entonces di **adiós a la victoria**. ¿La otra opción? Intentar enfrentarte a mí y saber qué es lo que sienten las personas que salen en mis vídeos al tenerme delante. ¿Te animas? Pues… **¡que empiece el reto!**

REGLAS

Tendrás que contestar a 3 preguntas realizadas por mí.

Las escribirás en los huecos habilitados para ello.

Tendrás 5 segundos para escribir cada respuesta (yo mismo cronometraré el tiempo).

¿Cómo lo haremos? A través de un **código QR** que podrás escanear con la cámara de tu teléfono móvil. Este te llevará al vídeo del reto, donde te estaré esperando, y, cuando des al *play*, comenzará el desafío final. ¡Buena suerte!

Pregunta número 1

Pregunta número 2

Pregunta número 3

HISTORIA

HISTORIA

Un pasado flipante

¡Atención! Nos encontramos ante **mi asignatura favorita del mundo mundial**: ¡HISTORIA! Quizá te resulte extraño que Historia sea la asignatura favorita de Súper-Geografía, pero cuando estaba en el instituto me encantaba y, de hecho, era en la que mejores notas sacaba. Puede que esto fuera porque tengo **buena memoria** y siempre he preferido estudiarme diez temas antes que ponerme a hacer problemas matemáticos. Este es un debate que enfrenta a dos bandos de estudiantes claramente diferenciados. Por un lado están los que adoran memorizar (entre los cuales me incluyo) y, por otro, los que son más de hacer ejercicios prácticos y odian estudiar muchos temas seguidos.

También te digo que, aunque fuera mi asignatura favorita, **no me encantaba absolutamente todo**. Soy de los que entiende perfectamente el pensamiento generalizado de que la Historia es aburrida, y a mí en ocasiones también me lo parece. Por ejemplo, uno de los temas que más me ha llamado siempre la atención ha sido el de **los reyes y las reinas de Europa**, sobre todo de España y Francia, pero cuando me contaban según qué cosa... Buf. ¡A mí lo que más me interesaba era saber cómo vivían, en qué guerras participaron y cómo murieron!

Por otra parte, siempre he sido muy fan de las **grandes civilizaciones** que han surgido a lo largo de la Historia. Si a ti te dieran la opción de nacer y vivir una vida entera en una de ellas, ¿cuál elegirías? Romanos, persas, egipcios, vikingos, mayas, aztecas, antigua Grecia, fenicios, antigua China...

A mí la verdad es que se me haría bastante complicado elegir solo una. Por un lado, me encantan los **vikingos**, esos valientes aventureros que se embarcaban en el mar buscando tierras desconocidas, dispuestos a morir en él. Pero, sabiendo lo poco que me gusta el frío, creo que vivir en un país nórdico no habría sido la mejor idea.

También están los **romanos**. Me apasiona toda su civilización, las formas que tenían de divertirse y los edificios que construyeron. No es de extrañar que Roma fuera la ciudad más grande de Europa durante quinientos años. Aunque, pensándolo bien, por muy curiosas que me parecieran las luchas de gladiadores y las carreras de cuadrigas, creo que no habría sido el lugar ideal para mí.

Pero mi época favorita, sin duda, es el **antiguo Egipto**. Me apasiona el aura enigmática que envuelve toda esa civilización y me habría encantado presenciar la construcción de las pirámides. Tenían una cultura característica, con una escritura propia como los jeroglíficos, y eran muy curiosos en cuanto a la astronomía, pues les encantaba observar el espacio. Aunque la verdad es que no soy demasiado fan de los dioses a los que veneraban (si tuviera que elegir en función de los dioses, deberíamos volver a los vikingos). También puede que mi decisión esté condicionada por las leyendas actuales que hablan de los egipcios como personas **adelantadas a su tiempo** y que conocían cosas que ahora nosotros no podemos comprender; o por la típica historieta de que las pirámides fueron construidas por extraterrestres. Pero, bueno, seguramente si hubiera vivido en Egipto, habría acabado muriendo devorado por un cocodrilo del Nilo a los doce años.

En realidad, por mucho que me gusten las épocas pasadas, no me hace falta más que echarles un

vistazo para darme cuenta de la **suerte** que he tenido de nacer en esta. Y es que tenemos un montón de comodidades en esta **era digital**. Dicho así no suena muy sorprendente, pero te aseguro que lo es; internet, los *smartphones* o los coches inteligentes han revolucionado nuestra vida y, si trajéramos a la época actual a cualquier persona perteneciente de las civilizaciones antiguas, se volvería loca y pensaría que hasta la magia y los dragones son reales.

Pero no podemos olvidar que todo esto es muy muy nuevo. Esa es otra de las trampas de la Historia. Cuando eres pequeño, las cosas que pasaron cuando tú no existías te resultan muy lejanas, ¿verdad? Por ejemplo, si escuchas a tus abuelos referirse al precio de algo en **pesetas**, te parece que eso pasó en la Prehistoria. Pero cuando vas creciendo te das cuenta de que lo que pasó hace setenta años fue hace relativamente poco. Y también eres consciente de que, cuando tú seas ese abuelo y cuentes a tus nietos cosas de tu vida, pensarán que una persona que nació en 1997 proviene de la misma época que los dinosaurios. Es lo que tiene el tiempo, amigo: **¡nadie se libra de él!**

Superdatos para gente curiosa

Ni la muerte nos separa

Durante la dinastía I del antiguo Egipto, cuando un faraón fallecía, era una tradición que un grupo de sus familiares, sirvientes y animales caminaran hacia el sepulcro para ser **enterrados vivos** junto a su cadáver. Se creía que este grupo continuaría sirviendo al faraón después de su muerte.

Tregua por Navidad

Por increíble que parezca, la Navidad fue capaz de **parar una guerra**, al menos por un tiempo determinado. Esto ocurrió durante las navidades de 1914, en plena Primera Guerra Mundial, cuando los soldados alemanes y británicos dejaron de lado los fusiles y cruzaron las trincheras para intercambiar saludos y charlas estacionales. En algunas áreas, hombres de ambos bandos se aventuraron **en tierra de nadie** en Nochebuena y Navidad, mezclándose e intercambiando comida.

Los deportes de los vikingos

Parece que, a pesar de todo el saqueo y las conquistas de otras tierras, los vikingos disponían de mucho tiempo libre, lo que los llevó a buscar modos distintos de diversión. Es aquí donde aparecen deportes tales como el **knattleikr** (una actividad parecida al hockey que realizaban con una pelota y unos palos). También practicaban la lucha libre, el levantamiento de piedras, los lanzamientos de cuchillos, las peleas de caballos... Sabemos que incluso **esquiaban**, porque se han encontrado diversos esquís fabricados por los escandinavos hace más de 6.000 años.

El arte de comer tumbado

Los romanos adoraban la comida e instauraron el hábito de comer tumbados como símbolo de **distinción social**. Esta costumbre condicionó la decoración de los comedores de la época imperial y también la organización de los banquetes. Hubo que reducir el número de comensales y las mesas pasaron a construirse **cuadradas**.

Un París falso

Una de las estrategias más curiosas utilizadas durante la Primera Guerra Mundial fue la idea que tuvieron los franceses para evitar que las bombas y los soldados **destruyeran** la ciudad de París. Por ello, mandaron construir a las afueras una serie de casas, fachadas y réplicas de construcciones de la ciudad para confundir a los pilotos alemanes. Se dice que este París falso tenía hasta **electricidad** para hacer mucho más creíble la farsa ante las fuerzas enemigas.

Cleopatra: de los faraones al espacio

Puede parecer una locura pero... Cleopatra, la última reina de Egipto, no nos pilla **tan lejos** en el tiempo. Te lo explico. Cleopatra nació en el año 69 a. C. Es decir, unos 2.491 años después de la finalización de la gran pirámide de Guiza en el año 2560 a. C. Y Neil Armstrong puso un pie en la Luna en el año 1969, 2.038 años después del nacimiento de Cleopatra. Así que esto significa que Cleopatra vivió más cerca de la época de **la carrera espacial** que del momento de la construcción de las pirámides.

Atentados contra Adolf Hitler

Adolf Hitler fue objeto de varios **atentados**. Algunas fuentes indican al menos 42 tentativas, provenientes tanto de los aliados (sus enemigos) como de sus círculos más cercanos. Sin embargo, ninguna tuvo éxito debido a que Hitler estaba bajo la vigilancia permanente de las SS (escuadras de protección). Además, cambiaba **repentinamente** su agenda, adelantando o acortando sus estancias en los lugares que visitaba o variando de ruta o de fechas algunas actividades sin previo aviso. Se dice que tenía incluso un **doble**, que lo reemplazó en más de una ocasión.

El canon de belleza maya

Los mayas constituyeron una de las principales civilizaciones que se desarrollaron en la antigua Mesoamérica. Resulta que creían que tener los **ojos bizcos** era sinónimo de belleza y estatus social. Por ello, las madres colgaban del cabello de sus hijos bolitas de resina, que caían sobre sus ojos, obligándolos a torcerlos para que se pusieran bizcos.

¿Sabes tanto como crees?

Empezamos...

1. ¿Cómo llamaban los romanos a lo que ahora es España y Portugal?

2. ¿En qué siglo llegó el primer ser humano a la Luna?

3. ¿Qué nombre recibía el supercontinente formado hace 335 millones de años, del que luego se desprendieron los continentes actuales?

4. ¿Cómo se les llama a los juegos celebrados en honor a los dioses del Olimpo?

5. ¿Cuáles son las construcciones que hicieron los romanos para transportar grandes cantidades de agua?

6. ¿Cuál fue el primer metal que empleó el ser humano?

7. ¿Cuál es el periodo más largo de la Historia, en el que aparecieron los primeros seres semejantes a los humanos?

8. ¿Con qué nombre se denominaba al rey en el antiguo Egipto?

9. ¿Con qué hecho histórico da comienzo la Edad Media?

10. ¿Cuál era el nombre de la famosa perrita que viajó al espacio en el año 1957?

¿Sabes tanto como crees?

¿Sigues ahí?

1. ¿Quién introdujo el número cero en Europa?
   - ☐ Los vikingos.
   - ☐ Los visigodos.
   - ☐ Los árabes.
   - ☐ Los griegos.

2. ¿A qué dinastía pertenecía Isabel la Católica?
   - ☐ A la Casa de Trastámara.
   - ☐ A los Austrias.
   - ☐ A los Borbones.
   - ☐ A la Casa de Saboya.

3. ¿Alrededor de qué mar vivieron los egipcios, fenicios, israelitas, griegos y romanos?

- □ Mar Arábigo.
- □ Mar Mediterráneo.
- □ Mar Báltico.
- □ Mar del Norte.

4. ¿Qué país comenzó la Segunda Guerra Mundial?

- □ Italia.
- □ España.
- □ Grecia.
- □ Alemania.

5. ¿En qué año viajó el ser humano por primera vez al espacio?

- □ En 1954.
- □ En 1959.
- □ En 1961.
- □ En 1966.

6. ¿Qué rey macedonio fue el mayor conquistador de la Antigüedad, capaz de controlar todo el Imperio persa en once años?

- ☐ Ptolomeo I.
- ☐ Alejandro Magno.
- ☐ Filipo V de Macedonia.
- ☐ Amintas III de Macedonia.

7. ¿Cuál era la capital de España antes de que lo fuera la ciudad de Madrid?

- ☐ Toledo.
- ☐ Sevilla.
- ☐ Valladolid.
- ☐ Valencia.

8. ¿A qué rey le cortaron la cabeza durante la Revolución francesa?

- ☐ A Felipe VI.
- ☐ A Francisco I.
- ☐ A Luis XVIII.
- ☐ A Luis XVI.

9. ¿De qué manera consiguió EE. UU. el estado de Alaska de manos de Rusia?

- ☐ Rusia se lo regaló a EE. UU.
- ☐ EE. UU. invadió Alaska por la fuerza.
- ☐ Alaska fue comprada por EE. UU.
- ☐ Alaska siempre ha pertenecido a EE. UU.

10. ¿Cómo se llamaba la capital del antiguo Imperio azteca?

- ☐ Quetzalcóatl.
- ☐ Culhuacán.
- ☐ Tenochtitlán.
- ☐ Texcoco.

¿Sabes tanto como crees?

¡Me estás dejando flipado!

1. ¿Qué día se celebra la independencia de la República Dominicana?
   - ☐ El 9 de julio.
   - ☐ El 27 de febrero.
   - ☐ El 18 de octubre.
   - ☐ El 29 de diciembre.

2. ¿De qué color eran los permisos de conducir en España en el año 2003?
   - ☐ Rosa.
   - ☐ Amarillo.
   - ☐ Negro.
   - ☐ Violeta.

3. ¿Qué fuerte tomaron las tropas mexicanas en 1836 tras trece días de asedio?

- ☐ Aguanueva.
- ☐ Azcapotzalco.
- ☐ El Álamo.
- ☐ La Encina.

4. ¿En qué ciudad se proclamó la primera Constitución liberal de España en 1812?

- ☐ En Madrid.
- ☐ En Cádiz.
- ☐ En San Fernando.
- ☐ En Ciudad Real.

5. ¿En qué siglo Europa conquistó Australia?

- ☐ En el siglo XVII.
- ☐ En el siglo XIV.
- ☐ En el siglo XII.
- ☐ En el siglo XVI.

6. ¿Qué emperador romano estuvo más años en el poder?
- □ Claudio.
- □ Vespasiano.
- □ Octavio Augusto.
- □ Adriano.

7. ¿De qué árbol eran las hojas que llevaban en la cabeza los antiguos romanos para simbolizar la victoria?
- □ De olivo.
- □ De laurel.
- □ De pino.
- □ De ciprés.

8. ¿En qué guerra se hundieron los buques Sheffield y Coventry?
- □ En la guerra de Independencia de EE. UU.
- □ En la Primera Guerra Mundial.
- □ En la Segunda Guerra Mundial.
- □ En la guerra de las Malvinas.

9. ¿En qué año se proclamó la Segunda República española?

- □ En 1929.
- □ En 1931.
- □ En 1933.
- □ En 1934.

10. ¿De qué país fue reina María Antonieta?

- □ De Francia.
- □ De los Países Bajos.
- □ Del Reino Unido.
- □ De ninguno, porque nunca fue reina.

¿Jugamos?

Que nadie se quede fuera de **la máquina del tiempo** porque vamos a explorar numerosos acontecimientos históricos que han tenido gran importancia para la humanidad. El único problema es que estos hechos no tienen asignada su fecha…, así que deberás ser tú quien una cada acontecimiento con el año en el que ocurrió. ¿Qué te parece? Vamos, ¡confío en ti!

1492

1765

1519

1799

476

3500 a. C.

1903

2001

1989

1963

1969

1912

1986

1945

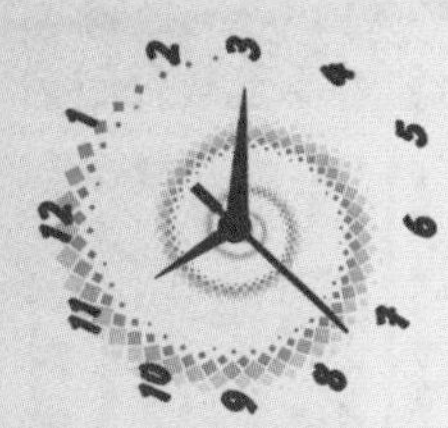

Final de la Segunda Guerra Mundial

Invención de la rueda

Descubrimiento de América

Accidente de Chernóbil

Caída del Imperio romano

Asesinato de John F. Kennedy

Alunizaje del Apolo 11

Invención del primer avión

Caída del Muro de Berlín

Atentado de las Torres Gemelas

Hundimiento del Titanic

Finalización de la Revolución francesa

Hernán Cortés conquista el Imperio azteca

Invención de la máquina de vapor

¡FINAL BOSS!

¡Enhorabuena, has llegado a la última fase! Pero, para completar con éxito la categoría de HISTORIA, aún te queda enfrentarte al final boss... Es decir, a mí. **¡¡¡MUAJAJAJAJAJAJA!!!**

Calma, que hay salida para todo. Si el camino hasta aquí se te ha hecho complicado, puede que este sea el mejor momento para retirarse..., ¡y puedes hacerlo! Pero entonces di **adiós a la victoria**. ¿La otra opción? Intentar enfrentarte a mí y saber qué es lo que sienten las personas que salen en mis vídeos al tenerme delante. ¿Te animas? Pues... **¡que empiece el reto!**

REGLAS

Tendrás que contestar a 3 preguntas realizadas por mí.

Las escribirás en los huecos habilitados para ello.

Tendrás 5 segundos para escribir cada respuesta (yo mismo cronometraré el tiempo).

¿Cómo lo haremos? A través de un **código QR** que podrás escanear con la cámara de tu teléfono móvil. Este te llevará al vídeo del reto, donde te estaré esperando, y, cuando des al *play*, comenzará el desafío final. ¡Buena suerte!

Pregunta número 1

Pregunta número 2

Pregunta número 3

CIENCIA

CIENCIA

¡Aquí entra de todo!

Hay pocas cosas tan **amplias e interesantes** como la Ciencia. Sí, es cierto; yo durante mi etapa de estudiante no toqué mucho este ámbito, pues, como ya sabes, era más de Historia y de Geografía; es decir, muchas letras y pocos números. Pero la vida da muchas vueltas y con el paso de los años he ido desarrollando una **gran curiosidad** en torno a todo lo científico. ¡Como para no! ¿Te haces una idea de lo flipante que puede llegar a ser? Incluso si no tienes mucha idea, como yo, la Ciencia puede descubrirte todo un mundo de posibilidades.

> CREO, DE HECHO, QUE EN ESO SE BASA LA CIENCIA, EN HACERTE PENSAR, ESTUDIAR, ANALIZAR Y EXPERIMENTAR.

Y, gracias a esto, la humanidad avanza cada vez más rápido. Algunas cosas que hoy son un **sueño** seguramente dentro de diez años estarán totalmente establecidas en la sociedad. Y todo gracias a la Ciencia.

Ahora bien, es cierto que la Ciencia abarca un montón de ramas y puede que a ti alguna te resulte **realmente interesante** y otras... pues igual no tanto.

Está, por ejemplo, la **Biología**. Dentro de las todas las posibilidades que nos da la Ciencia, a mí no es la que más me llama la atención, pero sí que me gusta. Como ya sabes, la Biología es la ciencia que estudia la estructura de los seres vivos y de sus procesos vitales y puede ayudarnos a desvelar los misterios de la vida tal y como la conocemos, incluido su origen. ¿No suena genial? El origen de la vida, nada menos... **¡El secreto de nuestra existencia!**

Por otro lado tenemos la **Medicina**, la ciencia que estudia las enfermedades que afectan al ser humano, los modos de prevenirlas y las formas de curarlas. Para mí, esta es sin duda la ciencia que te otorga el conocimiento más importante. No lo veas como un trabajo al que hay que echar muchas horas o una carrera a la que hay que dedicar muchísimo esfuerzo. Solo piensa en la Medicina como conocimiento, como algo práctico que te puede ayudar en múltiples momentos de tu vida. Créeme: siempre viene bien tener un amigo médico; y, si no, imagínate que estás en mitad de un **apocalipsis** y que la mayoría de los humanos de la Tierra son zombis. En ese caso, los médicos que quedaran vivos serían las personas más codiciadas. Vale, puede que me haya pasado un poco con el ejemplo, pero es que no sabes la envidia que me dan los médicos, que lo saben todo sobre nuestra salud y sobre nuestro cuerpo.

Pero, si me tengo que quedar con alguna ciencia, es sin duda con la **Astronomía**, que estudia la estructura y la composición de los astros, su localización y las leyes de sus movimientos. Últimamente me he aficionado a escuchar *podcasts* de científicos, y la mayoría de los temas son relacionados con el espacio exterior, con las leyes que lo rigen, el universo, las galaxias, las estrellas, los agujeros negros... Hay miles de incógnitas, y ese halo de misterio creado sobre lo desconocido del universo me ALUCINA. Personalmente, la Astronomía mezclada con la Física son las ciencias que más veces me han hecho **replantearme la existencia**. Por ejemplo, el simple hecho de que el universo sea infinito. Esto es algo que conocemos todos y tenemos interiorizado desde que somos pequeños; se cree que el universo es infinito, aunque ¿te has parado a pensar lo que significa esa palabra? Es algo que tenemos muy asimilado, pero ¿cómo puede siquiera existir algo «sin fin»? Me **explota** la cabeza.

Dejando a un lado las preguntas existenciales, de lo que estoy completamente seguro es de que **dentro de la Ciencia hay una rama para ti**, una que despierta tu curiosidad y de la que te apetece saber más. Igual es la Psicología, que es la ciencia que estudia los procesos mentales. O puede que lo tuyo sean los microscopios, los tubos de ensayo y la tabla periódica, de modo que estaríamos hablando de la ciencia que estudia la composición y las propiedades de la materia, es decir, la Química. O quizá tengas un espíritu más **detectivesco** y prefieras una ciencia social como la Criminología. Si no, también están la Geología, la Economía, la Antropología, la Pedagogía y muchas más disciplinas científicas. ¿Y qué es lo mejor? Que podemos obtener información de mil maneras, como leyendo libros o viendo vídeos, blogs y demás. Y es que leyendo y navegando por internet también se pueden aprender muchísimas cosas.

O puede que ya hayas hecho todo eso y estés aquí para demostrar tus **conocimientos científicos**. Si es así, te doy la bienvenida a la categoría de Ciencia. ¡Espero que estés preparado!

Superdatos para gente curiosa

La Torre Eiffel veraniega

Cuando empezó a construirse la Torre Eiffel en 1887, se optó por el hierro por ser **diez veces** más resistente que la madera y **veinte veces** más que la piedra. Pero esto tiene una peculiaridad y es que todos los metales **aumentan de tamaño** al calentarse y se reducen al enfriarse. Sabiéndolo, podemos sacar la rápida conclusión de que, gracias a la expansión térmica del metal, en verano la Torre Eiffel es **18 centímetros más alta** que en invierno.

Piscina de estrellas

¿Cuántas estrellas hay en la Vía Láctea? Si te hicieran esa pregunta, seguramente tu respuesta sería que muchas. Pero... ¿cuánto es «muchas»? Bien, se estima que la Vía Láctea cuenta con **entre cien mil y cuatrocientos mil millones de estrellas**. Y, sí, ya sé que eso también son *muchas*, pero ¿alcanzas realmente a imaginar el número que estás leyendo? Aquí va un truco para hacernos una idea: si cada estrella de la Vía Láctea tuviese el tamaño de un grano de sal, entre todas podrían llenar una piscina olímpica. ¿Cómo te quedas?

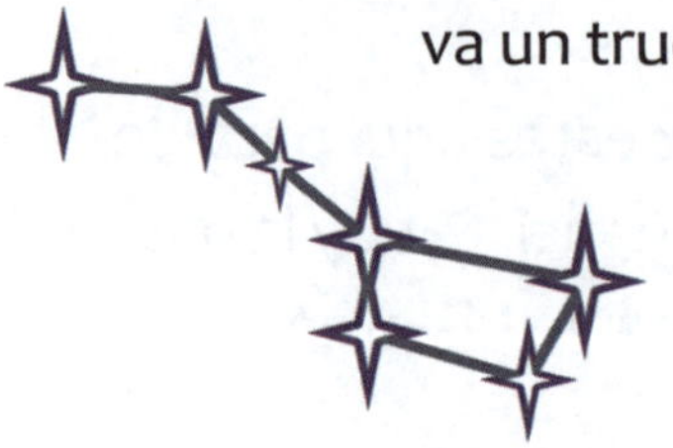

¿A qué huele el espacio?

¿Alguna vez te has hecho esta pregunta? Pues resulta que un montón de astronautas han intentado definir el olor del espacio después de sus aventuras. A pesar de que cada uno defiende un olor distinto, muchos coinciden con el astronauta estadounidense Tim Peake, quien pasó seis meses en la Estación Espacial Internacional y que dice que el espacio «huele a metal quemado», un olor que podría deberse al ozono.

Un ecosistema en tu ombligo

¿Puede ser el ombligo la parte del cuerpo más desatendida de todas? A mi parecer sí (yo, al menos, no le hago ni caso). Pues te sorprenderá saber que dentro del ombligo humano hay miles de bacterias que forman un ecosistema tan rico que en ese sentido equivale a la selva del Amazonas. O al menos esto es lo que dice un grupo de investigadores de siete universidades de EE. UU., que cultivaron y analizaron 60 muestras tomadas de ombligos, en los que encontraron más de 2.300 especies de bacterias.

Mitad humanos, mitad plátanos

Es sabido por todos que los seres humanos **compartimos genes** con muchísimos animales, como, por ejemplo, los chimpancés, los ratones y los perros. Pero lo que resulta realmente asombroso es que el ser humano comparte alrededor del **50 % del ADN** con… los **plátanos**. Esto es debido a que hay genes que son igual de funcionales en las plantas que en los animales, y eso hace que haya una identificación en la secuencia de ADN.

Las trampas del tiempo

Hemos visto infinidad de películas sobre **viajeros en el tiempo**, personas que van al futuro o al pasado, pero ¿qué dice la Física de todo esto? Pues bien, primero hay que recordar que la **gravedad** y la **velocidad del desplazamiento** tienen un efecto sobre el tiempo. Si fueras astronauta y estuvieras en la Estación Espacial Internacional durante toda la vida, **cada 747 días ganarías un segundo** respecto a las personas terrestres, porque el tiempo pasa más lento allí que en la Tierra. Es una cantidad de tiempo absurda la que ganarías, pero **envejecerías más lentamente** que las personas que están en nuestro planeta. Lo que es interesante recalcar es que, tanto para el astronauta en el espacio como para las personas en la Tierra, el tiempo, como tal, pasa igual.

No puedes hacerte cosquillas a ti mismo

Las cosquillas son la estimulación producida por el roce suave sobre algunas partes del cuerpo, que provoca, normalmente, **risa involuntaria**. Pero ¿a que cuando lo pruebas contigo mismo no funciona? Esto se debe a que el cerebro conoce tus intenciones, lo que anula el **factor sorpresa** que las produce. Sin embargo, sí que puedes simular un ligero cosquilleo (llamado knismesis) en lugar del cosquilleo duro (gargalesis), que es el que induce la risa.

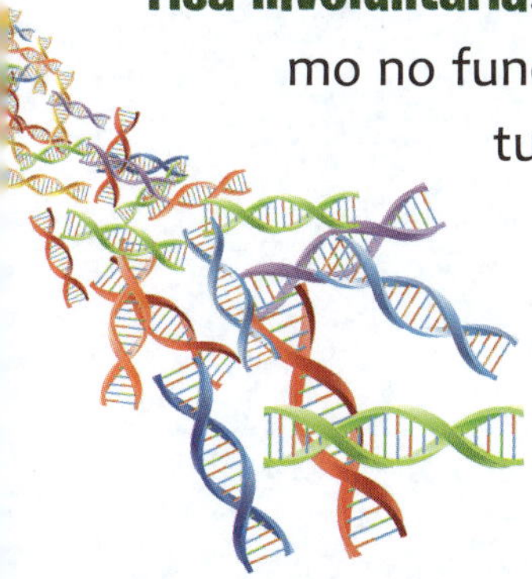

¿Niño o niña?

¿El sexo de los bebés es realmente un hecho aleatorio? ¡Parece que no del todo! Y es que el sexo del feto dependerá del cromosoma que herede **de su padre**. El óvulo de la madre siempre tendrá el cromosoma X (femenino), pero el espermatozoide puede tener un cromosoma X o Y (masculino).

Cuando se fecunda el óvulo, los cromosomas se unen y, si son **XY**, nacerá un niño, mientras que, si son **XX**, nacerá una niña. Pero aquí viene el dato curioso: un estudio que involucró a 927 árboles genealógicos demostró que **la tendencia de tener más hijos o hijas se hereda de los padres**; es decir, si un hombre tiene hermanos, es más probable que tenga hijos varones, mientras que, si tiene hermanas, la probabilidad de que tenga hijas aumenta.

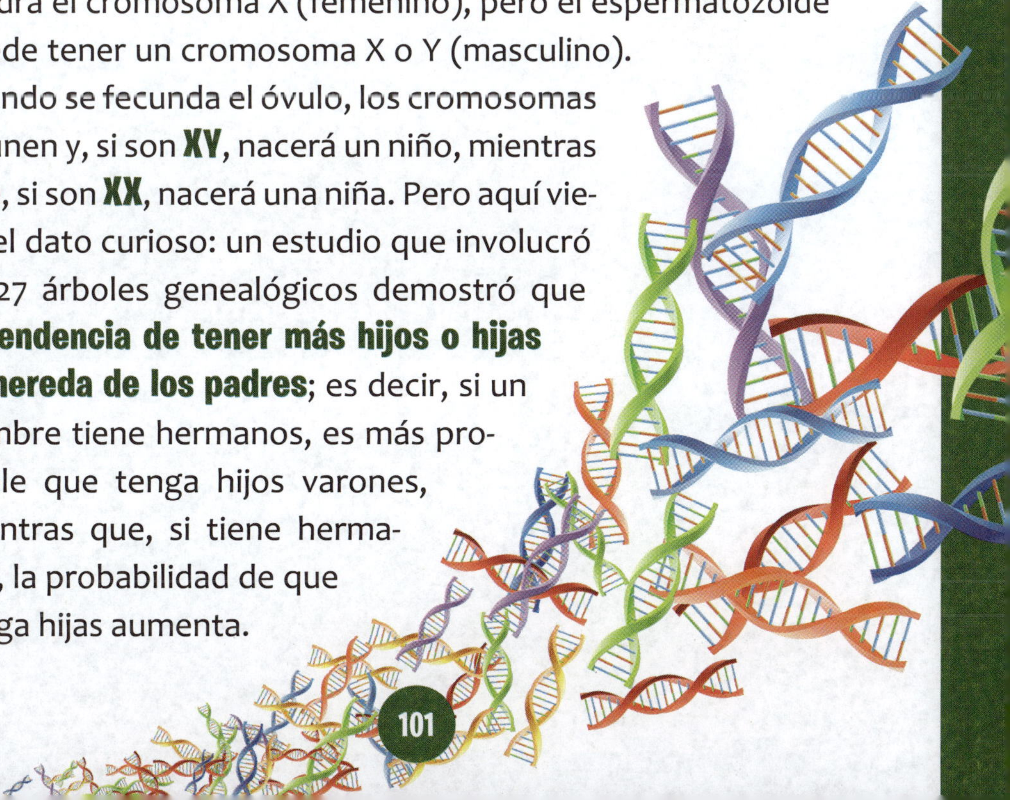

¿Sabes tanto como crees?

Empezamos...

1. ¿A qué tiene miedo una persona con bibliofobia?

2. ¿Qué hormona debe suministrarse a los enfermos de diabetes?

3. En la tabla periódica, ¿qué elemento químico tiene el símbolo Ag?

4. ¿Por qué ácido están formados los cromosomas?

5. ¿Para qué se usa un ábaco?

6. ¿Qué órgano produce la insulina?

7. ¿Cómo se llama a la fuerza física que la Tierra ejerce sobre los cuerpos hacia su centro?

8. ¿Cuál es el mineral más duro del planeta?

9. ¿En qué órgano se encuentran los tres huesos más pequeños del ser humano?

10. ¿Qué es el Sol?

¿Sabes tanto como crees?

¿Sigues ahí?

1. ¿Cómo se llama la parte blanca del ojo?
   - ☐ Esclerótica.
   - ☐ Iris.
   - ☐ Retina.
   - ☐ Pupila.

2. ¿Qué combustible derivado del petróleo usan los aviones?
   - ☐ Diésel.
   - ☐ Queroseno.
   - ☐ Alquitrán.
   - ☐ Metanol.

3. ¿Qué científico británico introdujo la idea de la selección natural para explicar la evolución de las especies animales?

- ☐ Albert Einstein.
- ☐ Stephen Hawking.
- ☐ Isaac Newton.
- ☐ Charles Darwin.

4. ¿Cómo se llama el movimiento que realiza la Tierra alrededor del Sol?

- ☐ Rotación.
- ☐ Traslación.
- ☐ Órbita.
- ☐ La Tierra no se mueve.

5. ¿Quién es considerado el padre de la Genética?

- ☐ Gregor Mendel.
- ☐ Erich Von Tschermak.
- ☐ Louis Pasteur.
- ☐ Nikola Tesla.

6. ¿Cómo se llama el registro gráfico de la actividad eléctrica del cerebro?

- ☐ Electrocardiograma.
- ☐ Electrocerebrograma.
- ☐ Electroconductancia.
- ☐ Electroencefalograma.

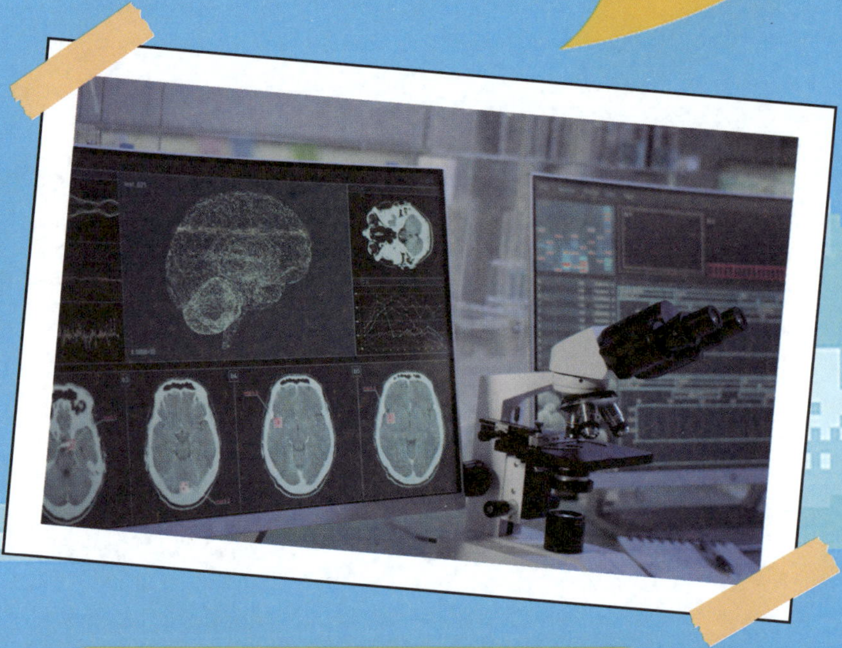

7. Desde el punto de vista científico, ¿qué es un tomate?

- ☐ Una fruta.
- ☐ Una verdura.
- ☐ Una hortaliza.
- ☐ Una legumbre.

8. ¿Qué es la levadura?

- ☐ Una planta.
- ☐ Una bacteria.
- ☐ Un hongo.
- ☐ Un virus.

9. ¿Qué gran descubrimiento realizó Alexander Fleming?

- ☐ El omeprazol.
- ☐ La simvastatina.
- ☐ La penicilina.
- ☐ No hizo ningún gran descubrimiento.

10. ¿Cómo se llama la arteria principal del cuerpo humano?

- ☐ Yugular.
- ☐ Aorta.
- ☐ Subclavia.
- ☐ Carótida.

¿Sabes tanto como crees?

¡Me estás dejando flipado!

1. ¿Por qué compuesto químico está formada la lavandina?
   - ☐ Por perclorato de aluminio.
   - ☐ Por hipoclorito de sodio.
   - ☐ Por cloruro de sodio.
   - ☐ Por yoduro de cobre.

2. ¿Qué enfermedad se caracteriza por repentinos ataques de sueño?
   - ☐ La somnolencia.
   - ☐ El insomnio.
   - ☐ La narcolepsia.
   - ☐ El ultrasueño.

3. ¿Con qué nombre se conoce la energía producida por las partículas en movimiento?

- ☐ Energía cinética.
- ☐ Energía solar.
- ☐ Energía potencial.
- ☐ Energía química.

4. ¿Cuál de estos elementos químicos fue descubierto por Marie Curie?

- ☐ El potasio.
- ☐ El magnesio.
- ☐ El radio.
- ☐ El calcio.

5. ¿Qué animal utilizó Schrödinger para crear su famosa paradoja?

- ☐ Un perro.
- ☐ Un gato.
- ☐ Una rata.
- ☐ Una cobaya.

6. ¿Dónde tienen las papilas gustativas las moscas?
- ☐ En las patas.
- ☐ En la trompa.
- ☐ En las alas.
- ☐ En los ojos.

7. ¿Cuál es la unidad de medida de la presión?
- ☐ El nudo.
- ☐ El pascal.
- ☐ El julio.
- ☐ El kelvin.

8. ¿Cuál es la unidad fundamental de las proteínas?

- ☐ Los aminoácidos.
- ☐ Las vitaminas.
- ☐ Los lípidos.
- ☐ Los minerales.

9. ¿Para qué sirve la prueba del carbono-14?

- ☐ Para deducir la edad de un material.
- ☐ Para calcular los quilates del oro.
- ☐ Para calcular los electrones de un átomo.
- ☐ Para que no se oxide un metal.

10. ¿Qué rama de la Física estudia el movimiento de los cuerpos?

- ☐ La Termodinámica.
- ☐ La Astrofísica.
- ☐ La Mecánica.
- ☐ La Acústica.

¿Jugamos?

Todos hemos estudiado las partes de las **plantas** y las del **cuerpo humano** en algún momento de la vida, pero... ¿crees que eres capaz de acordarte de todas? En este juego vas a poner a prueba tus conocimientos sobre Biología y, ya de paso, ¡tu memoria! ¿Preparado?

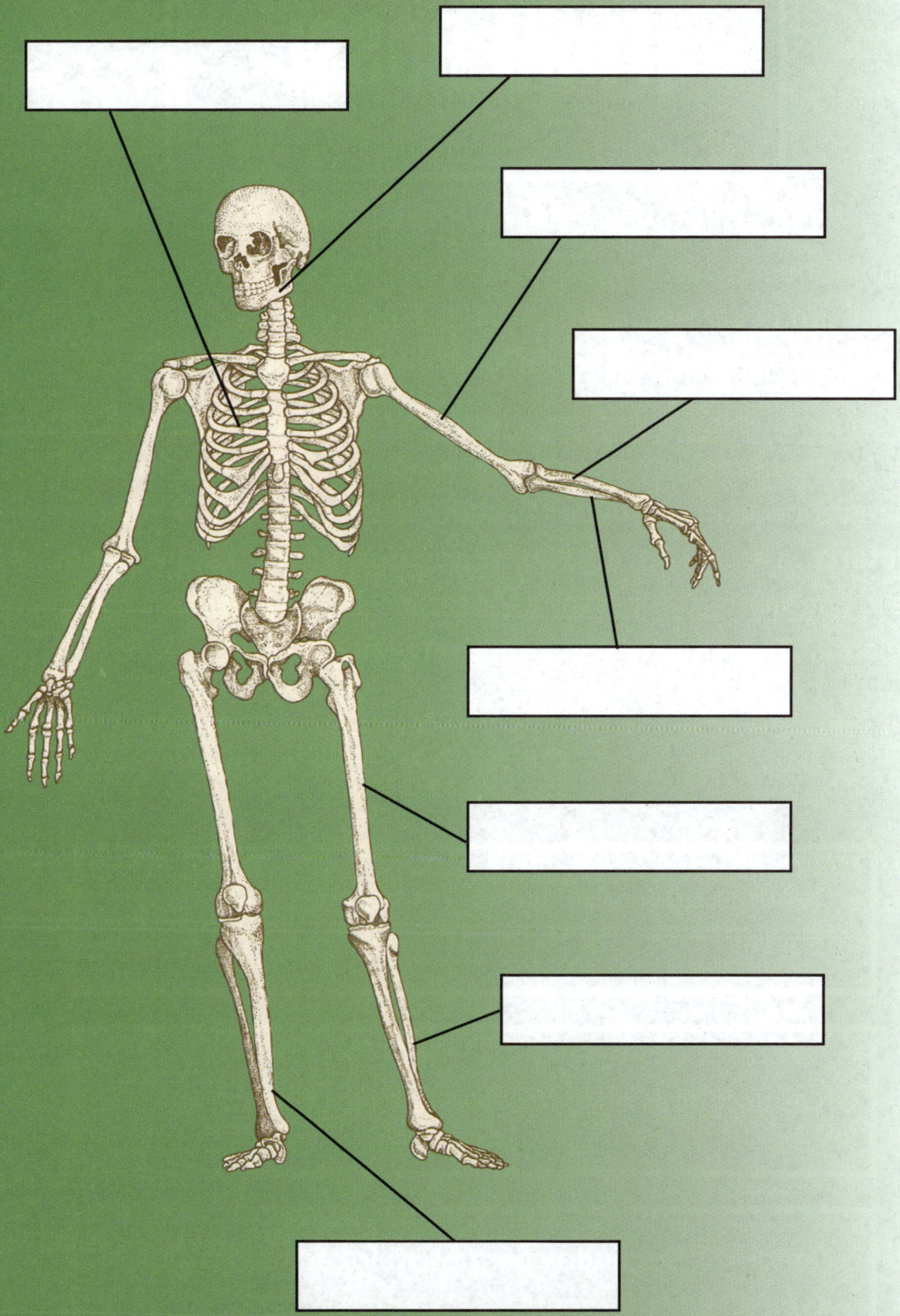

¡FINAL BOSS!

¡Enhorabuena, has llegado a la última fase! Pero, para completar con éxito la categoría de CIENCIA, aún te queda enfrentarte al final boss... Es decir, a mí. **¡¡¡MUAJAJAJAJAJAJA!!!**

Calma, que hay salida para todo. Si el camino hasta aquí se te ha hecho complicado, puede que este sea el mejor momento para retirarse..., ¡y puedes hacerlo! Pero entonces di **adiós a la victoria**. ¿La otra opción? Intentar enfrentarte a mí y saber qué es lo que sienten las personas que salen en mis vídeos al tenerme delante. ¿Te animas? Pues... **¡que empiece el reto!**

REGLAS

Tendrás que contestar a 3 preguntas realizadas por mí.

Las escribirás en los huecos habilitados para ello.

Tendrás 5 segundos para escribir cada respuesta (yo mismo cronometraré el tiempo).

¿Cómo lo haremos? A través de un **código QR** que podrás escanear con la cámara de tu teléfono móvil. Este te llevará al vídeo del reto, donde te estaré esperando, y, cuando des al *play*, comenzará el desafío final. ¡Buena suerte!

Pregunta número 1

Pregunta número 2

Pregunta número 3

MATEMÁTICAS

MATEMÁTICAS

La asignatura más odiada

Esta es una asignatura bastante **odiada** en general, aunque siempre te encuentras al típico alumno que la ama con todas sus fuerzas. Pues bien, como ya te estarás imaginando, yo no era ese típico alumno que esperaba ansioso que llegara la clase de Matemáticas para resolver problemas como un loco. Más bien era todo lo contrario; confieso que yo pertenecía a ese grupo al que las Matemáticas le causaban **auténtico miedo**.

Claro que, a día de hoy, lo veo todo con más perspectiva. A menudo me he parado a pensar en por qué las Matemáticas están tan **estigmatizadas** entre los estudiantes y creo que es un pensamiento condicionado por nuestro entorno (o al menos así lo fue en mi caso). Todo lo que nos rodea nos dice a gritos que las Matemáticas son **difíciles**. Por ejemplo, yo desde pequeño no he parado de escuchar:

QUÉ DIFÍCILES SON LAS MATEMÁTICAS...

¡ODIO LAS MATEMÁTICAS!

¡NO ELIJAS MATEMÁTICAS!

Esto hizo que se creara en mi cabeza un prejuicio totalmente **injusto** hacia esta asignatura, que fue creciendo con el tiempo. Pero a lo que no hice caso fue a lo de «no elijas Matemáticas». Cuando en Bachillerato se me presentó la opción de no ver números nunca más y poder estudiar mis queridísimas letras, tomé la decisión de elegir Matemáticas. No me preguntes por qué, pero sentía que **mi cerebro no estaría completo** si no cursaba algunos años más de esta asignatura.

Independientemente de lo que cada uno decida, hay que reconocer que las Matemáticas son **muy importantes**. Sobre todo desde pequeños. No sé si a ti te pasaba igual, pero una de las mayores preocupaciones que tenía cuando era muy muy pequeño era ir a comprar algo y hacer mal los cálculos y que, al llegar a la cola para pagar, no tuviera dinero suficiente. Lo pienso a día de hoy y sé que es una tontería, pero en ese momento creía que **se acabaría el mundo** si eso llegaba a pasar, así que, mientras estaba por la tienda en cuestión, trataba de hacer todos los cálculos necesarios para evitar ese **trágico momento** en el que tuviera que abandonar la fila para dejar algún producto porque el dinero no me alcanzara.

Pero es que, además de útiles, las Matemáticas también pueden ser... **¡entretenidas!** Yo, por ejemplo, soy bastante fan del cálculo mental. Me flipan las personas que tienen la habilidad de realizar cálculos de manera muy rápida sin necesitar una calculadora. Llegó a obsesionarme tanto (soy mucho de obsesiones yo) que desarrollé un entrenamiento para intentar **mejorar mi cálculo mental**. Mucha atención, que te voy a contar mi secreto para entrenarlo.

Hubo una época en la que para ir a clase tenía que realizar un recorrido en coche de unos veinticinco minutos. Pues bien, como quería mejorar mi cálculo mental y darles una utilidad a esos veinticinco minutos de trayecto, se me ocurrió la idea de utilizar el entorno, es decir, la carretera.

Como seguramente sabrás, a las ocho de la mañana es **hora punta** y en esos momentos las carreteras están llenas de coches con personas que van a trabajar o a clase. Y... ¿qué tienen absolutamente todos los coches? **Matrículas** (porque, si no la llevan, tienen un problema). Así que, aprovechando que se abría ante mí una amplia cantidad de números aleatorios de **cuatro dígitos**, decidí jugar con ellos mentalmente mientras miraba por la ventanilla (es imprescindible que, para realizar este entrenamiento, no seas tú quien conduzca).

Me pasé meses con este juego en el que cogía los cuatro números de las matrículas de los coches y los sumaba en mi cabeza intentando hacerlo cada vez más rápido, hasta que acabé metiendo en el juego **otros factores**, como sumar los tres primeros dígitos y restar el último. Bueno, se podría decir que era un auténtico **pro** de un juego que yo mismo me había inventado. Esto hizo que mi cálculo mental mejorara notablemente, pero hace tanto tiempo que no juego que puede que mi cálculo mental haya vuelto a la casilla de salida.

¿Conclusión? Que, aunque una asignatura no se te dé muy bien, no significa que no puedas **disfrutar** con algo relacionado con ella. Hay personas que destacan en unas cosas y tú lo harás en otras, y seguro que, si dejas tus prejuicios atrás, ¡te sorprenderás de lo bien que te lo puedes pasar! Así que espero que estés ***READY*** para poner en práctica tus dotes matemáticas.

Superdatos para gente curiosa

La paradoja del cumpleaños

¿Conoces a alguien que cumpla años **el mismo día que tú**? Pues bien, la paradoja del cumpleaños establece que, en una habitación con 23 personas, la probabilidad de que dos personas cumplan los años el mismo día es del 50,7%. Esto es una **verdad matemática** que contradice la intuición común. Se suele pensar que la probabilidad es bastante más baja y que harían falta muchas más personas.

Supervivencia a base de números primos

Las cigarras se meten bajo tierra durante largos periodos de tiempo antes de salir a aparearse. Unas veces pasan 13 años bajo tierra, y otras, 17. ¿Por qué? Porque ambos intervalos son **números primos** y los biólogos creen que las cigarras adoptaron ciclos de vida numerados más redondos para minimizar su contacto con **depredadores**.

El número más curioso

¿Por qué el **142.857** es el número más curioso del mundo? Esto se debe a los resultados tan específicos que nos salen al hacer determinadas operaciones con él. Por ejemplo, si lo multiplicamos por 7, el resultado es **999.999**. Y, si lo multiplicamos por 1, 2, 3, 4, 5 y 6, nos dará como resultado la misma serie de números en distinto orden.

La serie de Fibonacci en la naturaleza

La serie de Fibonacci es la sucesión de números en la que, empezando por la unidad, cada uno de ellos es la suma de los dos anteriores (1, 1, 2, 3, 5, 8, 13...). Resulta sorprendente que una construcción matemática como esta aparezca recurrentemente en la **naturaleza**. La distribución de las hojas alrededor del tallo, la reproducción de los conejos o la disposición de las semillas en numerosas flores y frutos se produce siguiendo secuencias **basadas exclusivamente en estos números**. ¿Se trata de una simple casualidad o existe alguna especie de **«plan oculto»** de la naturaleza?

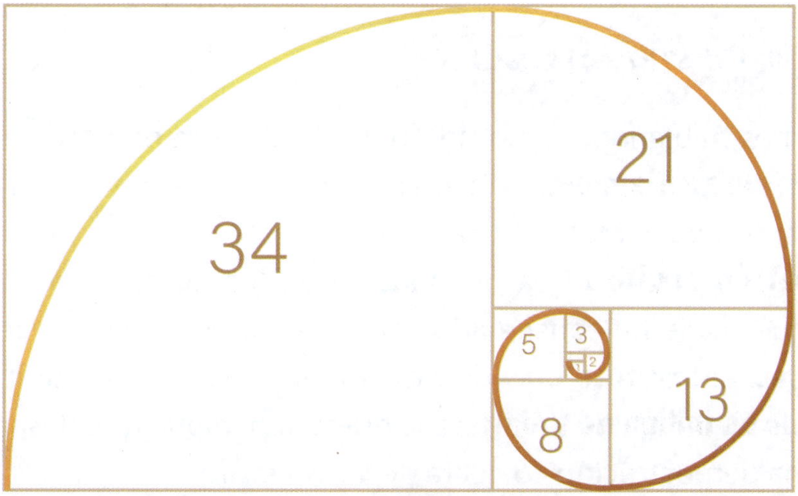

El Día de Pi

El número pi es tan importante que tiene su día propio. Este día se celebra el **14 de marzo**, ya que, si escribimos esta fecha en inglés, se lee como la famosa constante: 3/14. La celebración oficial comienza a las 1:59 p. m. de modo que se puede escribir **3/14 1:59** (3,14159). Otro superdato curioso: el día del número pi coincide con la fecha de nacimiento del físico alemán **Albert Einstein**, que nació el 14 de marzo de 1879.

El problema sin resolver

Estamos hablando, como no podía ser de otra manera, de **la hipótesis de Riemann**. Este es el problema sin resolver más importante de las Matemáticas. Dicha hipótesis afirma que hay un **patrón oculto** en la distribución de los números primos, aunque nadie ha conseguido confirmarlo. Pero, ojo, no te lo pierdas: el Instituto Clay de Matemáticas ha ofrecido un premio de **un millón de dólares** a la primera persona que desarrolle una demostración correcta de la conjetura.

Tu número favorito

¿Cuál es tu número favorito? Esta es la pregunta que realizaron numerosos expertos en diferentes partes del mundo y vieron que, en culturas tan dispares como Japón y Estados Unidos, se repite una **predilección por el 7**. ¿Cuál será la razón? Pues probablemente sea que, a diferencia de otros dígitos, el 7 no es considerado de mala suerte en ninguna cultura. Es más, es considerado de **buena suerte** en varias partes del mundo.

La probabilidad del amor

¿Cuál es la probabilidad de encontrar a nuestra **media naranja**? Afortunadamente, no solo hay una persona en el mundo que encaje con nosotros. Lo más probable es que existan miles. Pero, si mantenemos el romanticismo de la media naranja, única en el mundo, la probabilidad lo deja bastante claro: a lo largo de la Historia han vivido aproximadamente **100.000 millones de seres humanos**, y actualmente están vivos unos 7.000 millones, así que lo más probable es que nuestra media naranja esté… **¡muerta!**

¿Sabes tanto como crees?

Empezazamos...

1. ¿Qué número resulta si divides 56 entre 7?

2. ¿Cuántos grados tiene un ángulo recto?

3. ¿Cómo se llama un polígono de 8 lados?

4. ¿Qué nombre recibe el resultado de una multiplicación?

5. ¿Cuál es el primer número primo?

6. ¿A qué número arábigo equivale el número romano V?

7. ¿Cuánto es el 20% de 100?

8. ¿Qué nombre recibe en el entorno de las Matemáticas el símbolo π?

9. ¿Cuántos meses tiene un trimestre?

10. ¿Cómo se llama el polígono que tiene todos sus lados y ángulos iguales?

¿Sabes tanto como crees?

¿Sigues ahí?

1. ¿Qué nombre recibe un poliedro de doce caras?
   - ☐ Decaedro.
   - ☐ Dodecaedro.
   - ☐ Eneaedro.
   - ☐ Octaedro.

2. ¿Cuántos grados suman los ángulos internos de un triángulo?
   - ☐ 90°.
   - ☐ 120°.
   - ☐ 160°.
   - ☐ 180°.

3. ¿A qué número arábigo equivale el número romano XVIII?

- ☐ 16.
- ☐ 17.
- ☐ 18.
- ☐ 19.

4. ¿Cuántas unidades son 3 centenas de millar?

- ☐ 300.000.
- ☐ 30.000.
- ☐ 3.000.
- ☐ 33.000.

5. ¿Cómo se llama la figura geométrica de cuatro lados, de los cuales no hay ninguno paralelo a otro?

- ☐ Trapecio.
- ☐ Trapezoide.
- ☐ Romboide.
- ☐ Rombo.

6. ¿Qué nombre recibe el resultado de una división?

- ☐ Dividendo.
- ☐ Divisor.
- ☐ Resto.
- ☐ Cociente.

7. ¿Cuál es el único número arábigo que no puede representarse en números romanos?

- ☐ El cero.
- ☐ El 777.
- ☐ Todos los números pueden representarse con números romanos.
- ☐ El 101.

8. El prefijo «hecto-» significa…

- ☐ Cinco.
- ☐ Diez.
- ☐ Cien.
- ☐ Diez mil.

9. ¿Quién fue considerado el primer matemático puro de la Historia?

- ☐ Arquímedes.
- ☐ Pitágoras.
- ☐ Sócrates.
- ☐ Sófocles.

10. ¿Qué nombre recibe el segmento que une el centro de la circunferencia con un punto cualquiera de la misma?

- ☐ Radio.
- ☐ Arco.
- ☐ Diámetro.
- ☐ Área.

¿Sabes tanto como crees?

¡Me estás dejando flipado!

1. ¿Qué quiere decir que un objeto es fractal?
   - ☐ Que su estructura se repite a las mismas escalas.
   - ☐ Que su estructura se repite a distintas escalas.
   - ☐ Que su estructura es asimétrica.
   - ☐ Que no tiene estructura.

2. Señala la opción que sea un sinónimo de palíndromo.
   - ☐ Capicúa.
   - ☐ Coseno.
   - ☐ Integral.
   - ☐ Racional.

3. ¿Para qué sirve la fórmula $P(A \backslash B) = P(A \cap B)\, P(B)$?

- □ Para calcular el valor de una integral definida.
- □ Para calcular la probabilidad condicional de un suceso aleatorio.
- □ Para calcular el volumen de una esfera.
- □ Para realizar derivadas.

4. ¿A qué teorema se asocia la siguiente fórmula: $\text{cateto}^2 + \text{cateto}^2 = \text{hipotenusa}^2$?

- □ Al teorema del binomio.
- □ Al teorema de Euler.
- □ Al teorema de Tales.
- □ Al teorema de Pitágoras.

5. ¿Qué valor aproximado tiene el número *e*?

- □ 4,718.
- □ 3,718.
- □ 2,718.
- □ 5,718.

6. ¿Qué nombre recibe un poliedro de veinte caras?

- ☐ Apeiroedro.
- ☐ Triacontaedro.
- ☐ Tetraedro.
- ☐ Icosaedro.

7. ¿Qué resultado da el doble de 4 más el triple de 3 más el cuádruple de 2?

- ☐ 21.
- ☐ 23.
- ☐ 24.
- ☐ 25.

8. ¿Qué tipo de rectas son aquellas que se cruzan en algún punto formando cuatro ángulos que no son rectos?

- ☐ Rectas oblicuas.
- ☐ Rectas paralelas.
- ☐ Rectas perpendiculares.
- ☐ Rectas tangentes.

9. ¿Para qué sirve la regla de Ruffini?

- ☐ Para calcular el área de un círculo.
- ☐ Para dividir un polinomio entre un binomio.
- ☐ Para hacer la regla de la cadena en las derivadas.
- ☐ Para hallar la raíz cuadrada de cualquier número.

10. ¿Qué quiere decir que un ángulo es convexo?

- ☐ Que mide 180°.
- ☐ Que mide menos de 180°.
- ☐ Que mide más de 180°.
- ☐ Que mide 360°.

¿Jugamos?

Prepárate para una ronda de acertijos matemáticos en los que es imprescindible que leas detenidamente cada palabra y que prestes mucha atención.

1 Una persona se levanta en plena noche y descubre que en su habitación no hay luz. Tiene que ir a trabajar y debe vestirse. Intenta abrir un cajón de calcetines en el que hay 10 de color negro y otros 10 de color azul. ¿Cuántos tendrá que coger para conseguir un par de color idéntico con total seguridad?

2 Son las doce de la mañana, la hora de mis pastillas. Me tengo que tomar 4 pastillas, una cada hora. ¿A qué hora me tomaré la última?

3 ¿Qué letra es la siguiente en la secuencia U-D-T-C-C-S-S-O-N-?

4 Un bate y una pelota cuestan 110 € en total. El bate cuesta 100 € más que la pelota. ¿Cuánto cuesta la pelota? ¿Y el bate?

5 ¿Cuántos animales tengo en casa sabiendo que todos son perros menos 2, todos son gatos menos 2 y todos son loros menos 2?

6 Manuel y Juan tienen manzanas. Manuel le dice a Juan: «Si me regalas una de tus manzanas, tendremos la misma cantidad». Pero Juan le responde: «Si me regalas tú una de las tuyas, yo tendré el doble de manzanas que tú». ¿Cuántas manzanas tiene cada uno?

7 Tomás, Pedro, Jaime, Susana y Julia realizaron un test. Julia obtuvo mayor puntuación que Tomás, Jaime sacó menos puntos que Pedro, pero más que Susana, y Pedro logró menos puntos que Tomás. ¿Quién obtuvo la puntuación más alta?

¡FINAL BOSS!

¡Enhorabuena, has llegado a la última fase! Pero, para completar con éxito la categoría de MATEMÁTICAS, aún te queda enfrentarte al final boss... Es decir, a mí. **¡¡¡MUAJAJAJAJAJAJA!!!**

Calma, que hay salida para todo. Si el camino hasta aquí se te ha hecho complicado, puede que este sea el mejor momento para retirarse..., ¡y puedes hacerlo! Pero entonces di **adiós a la victoria**. ¿La otra opción? Intentar enfrentarte a mí y saber qué es lo que sienten las personas que salen en mis vídeos al tenerme delante. ¿Te animas? Pues... **¡que empiece el reto!**

REGLAS

Tendrás que contestar a 3 preguntas realizadas por mí.

Las escribirás en los huecos habilitados para ello.

Tendrás 5 segundos para escribir cada respuesta (yo mismo cronometraré el tiempo).

¿Cómo lo haremos? A través de un **código QR** que podrás escanear con la cámara de tu teléfono móvil. Este te llevará al vídeo del reto, donde te estaré esperando, y, cuando des al *play*, comenzará el desafío final. ¡Buena suerte!

Pregunta número 1

Pregunta número 2

Pregunta número 3

Soluciones

GEOGRAFÍA

HISTORIA

ENTRETENIMIENTO

MATEMÁTICAS

CIENCIA

Geografía

¿Sabes tanto como crees?

Empezamos...

1. En Italia.
2. Canadá.
3. Buenos Aires.
4. El Teide.
5. El Sena.
6. El Amazonas y el Nilo.
7. En el Atlántico.
8. Moscú.
9. Austriaco.
10. El tailandés.

¿Sigues ahí?

1. El Mulhacén.
2. En Ucrania.
3. En Jordania.
4. La República Dominicana.
5. Argelia.
6. La libra egipcia.
7. En Quito.
8. Canal de Suez.
9. Transilvania.
10. Togo.

¡Me estás dejando flipado!

1. Trenton.
2. En Austria.
3. Yamusukro.
4. En Tanzania.
5. El volcán Nevados Ojos del Salado.
6. Ulán Bator.
7. En Dakota del Sur.
8. En Irak.
9. El Mont Blanc de Courmayeur.
10. Zimbabue.

¿Jugamos?

 Argentina	 España	 Japón
 México	 Liberia	 Alemania
 Canadá	 Estados Unidos	 Italia
 Grecia	 Noruega	 China
 Reino Unido	 Francia	 India
 Finlandia	 Australia	 Nueva Zelanda
 Portugal	 Irlanda	 Brasil

Entretenimiento

¿Sabes tanto como crees?

Empezamos...

1. Ron Weasley.
2. Michael Jackson.
3. Jafar.
4. Hansel y Gretel.
5. Por *El renacido*.
6. Otto Mann.
7. Justin Bieber.
8. *Crepúsculo.*
9. Twitter.
10. Diego Simeone.

¿Sigues ahí?

1. En 2016.
2. Dwayne Johnson.
3. Marshmello.
4. James Cameron.
5. Dylan O'Brien.
6. Código Lyoko.
7. Fútbol americano.
8. Bad Bunny.
9. 60 minutos.
10. En el Reino Champiñón.

¡Me estás dejando flipado!

1. 7.

2. Shan Yu.

3. Teletransportarse.

4. Cuatro.

5. Take That.

6. Fantasma.

7. 17.

8. El profesor Samuel Oak.

9. En *Hancock*.

10. Sub-Zero.

¿Jugamos?

1. SERIE: *Stranger Things.*

2. PELÍCULA: *Transformers.*

3. SERIE: *Vikingos.*

4. PELÍCULA: *Origen.*

5. SERIE: *You.*

6. PELÍCULA: *It.*

Historia

¿Sabes tanto como crees?

Empezamos...

1. Hispania.

2. En el siglo XX.

3. Pangea.

4. Juegos Olímpicos.

5. Los acueductos.

6. El cobre.

7. La Prehistoria.

8. Faraón.

9. Con la caída del Imperio romano de Occidente.

10. Laika.

¿Sigues ahí?

1. Los árabes.

2. A la Casa de Trastámara.

3. Mar Mediterráneo.

4. Alemania.

5. En 1961.

6. Alejandro Magno.

7. Toledo.

8. A Luis XVI.

9. Alaska fue comprada por EEUU.

10. Tenochtitlán.

¡Me estás dejando flipado!

1. El 27 de febrero.

2. Rosa.

3. El Álamo.

4. En Cádiz.

5. En el siglo XVII.

6. Octavio Augusto.

7. De laurel.

8. En la guerra de las Malvinas.

9. En 1931.

10. De Francia.

¿Jugamos?

Final de la Segunda Guerra Mundial: **1945**

Invención de la rueda: **3500 a. C.**

Descubrimiento de América: **1492**

Accidente de Chernóbil: **1986**

Caída del Imperio romano: **476**

Asesinato de J. F. Kennedy: **1963**

Alunizaje del *Apolo 11*: **1969**

Invención del primer avión: **1903**

Caída del Muro de Berlín: **1989**

Atentado de las Torres Gemelas: **2001**

Hundimiento del *Titanic*: **1912**

Finalización de la Revolución francesa: **1799**

Hernán Cortés conquista el Imperio azteca: **1519**

Invención de la máquina de vapor: **1765**

Ciencia

¿Sabes tanto como crees?

Empezamos...

1. A los libros.
2. La insulina.
3. La plata.
4. Por ADN.
5. Para contar y para hacer operaciones matemáticas básicas, como sumar o restar.
6. El páncreas.
7. La gravedad.
8. El diamante.
9. En el oído.
10. Una estrella.

¿Sigues ahí?

1. Esclerótica.
2. Queroseno.
3. Charles Darwin.
4. Traslación.
5. Gregor Mendel.
6. Electroencefalograma.
7. Una fruta.
8. Un hongo.
9. La penicilina.
10. Aorta.

¡Me estás dejando flipado!

1. Por hipoclorito de sodio.

2. La narcolepsia.

3. Energía cinética.

4. El radio.

5. Un gato.

6. En las patas.

7. El pascal.

8. Aminoácidos.

9. Para deducir la edad de un material.

10. La Mecánica.

¿Jugamos?

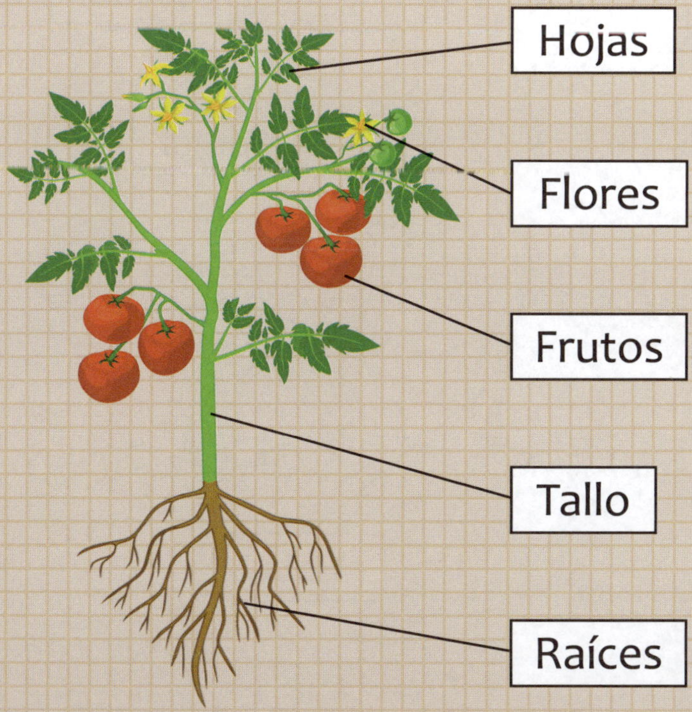

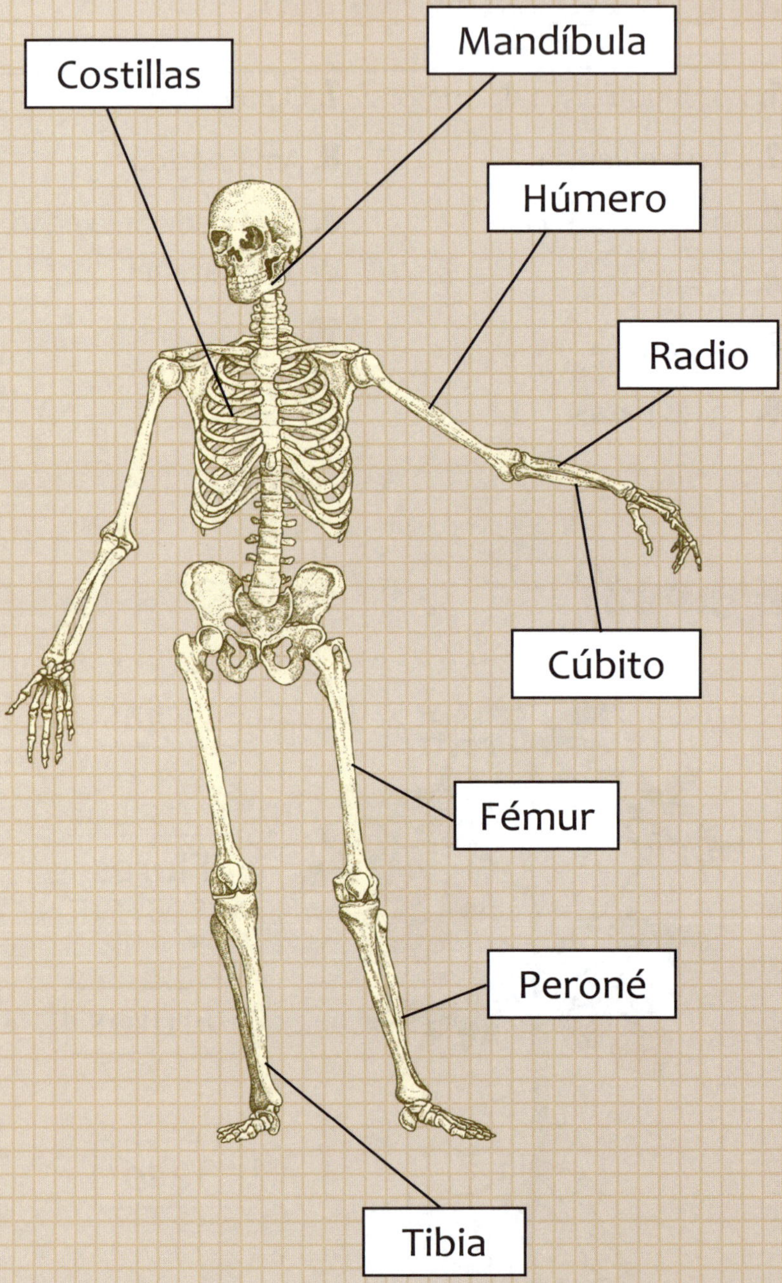
Costillas
Mandíbula
Húmero
Radio
Cúbito
Fémur
Peroné
Tibia

Matemáticas

¿Sabes tanto como crees?

Empezamos...

1. 8.
2. 90.
3. Octágono.
4. Producto.
5. El 2.
6. 5.
7. 20.
8. El número pi.
9. Tres.
10. Polígono regular.

¿Sigues ahí?

1. Dodecaedro.
2. 180°.
3. 18.
4. 300.000.
5. Trapezoide.
6. Cociente.
7. El 0.
8. 100.
9. Pitágoras.
10. Radio.

¡Me estás dejando flipado!

1. Que su estructura se repite a distintas escalas.

2. Capicúa.

3. Para calcular la probabilidad condicional de un suceso aleatorio.

4. Al teorema de Pitágoras.

5. 2,718.

6. Icosaedro.

7. 25.

8. Rectas oblicuas.

9. Para dividir un polinomio entre un binomio.

10. Que mide menos de 180°.

¿Jugamos?

1. En el peor de los casos, la persona debe coger 11 calcetines para disponer de un par de color idéntico. Es decir, la mitad (10) del total que tiene (20) más uno adicional.

2. A las 3 de la tarde.

3. La letra D. Son las iniciales de los números, por lo tanto, D = Diez.

4. El bate cuesta 105 €; la pelota, 5 €.

5. Tres. Un perro, un gato y un loro.

6. Manuel tiene 5 y Juan tiene 7.

7. Julia obtuvo la puntuación más alta. No puede ser Jaime, porque Pedro obtuvo más puntos que él; no puede ser Susana, puesto que Jaime obtuvo más puntos que ella; no puede ser Pedro, ya que Tomás obtuvo más puntos que él; y, por último, no puede ser Tomás, porque Julia obtuvo más puntos que él.

Y, bueno, ¿ERES TAN LISTO COMO CREÍAS?